Découvrez l'histoire par les archives de presse

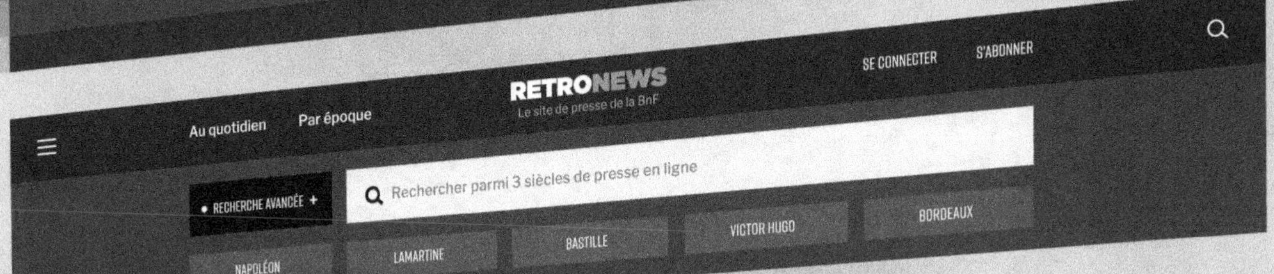

RETRONEWS

Le site de presse de la BnF

www.retronews.fr

Cowboy s'approchant d'une bête prise
au lasso, pour voir si elle est marquée.

Le marquage du bétail.

mine le pelage du bœuf. Si celui-ci porte déjà la
marque du propriétaire, on le délivre du lasso et
on lui rend la liberté. Sinon, les compagnons du
Cowboy arrivent avec une forge portative où des
fers sont constamment tenus chauds ; on applique
un de ces fers pendant une ou deux secondes
sur le flanc de l'animal, après quoi, on le rend à
son pâturage. Parfois, aussi, les bestiaux sont
chassés en troupeau dans une vaste enceinte
formée de planches et terminée par un étroit couloir où ils ne peuvent passer que les uns derrière
les autres. Sur un point quelconque de ce couloir,
les bœufs sont mis dans l'impossibilité d'avancer
ou de reculer. On les examine alors et on marque
ceux qui n'ont pas encore reçu le chiffre de leur
propriétaire.

Presque tous ces troupeaux sont destinés
à l'exportation. Comme ils se trouvent quelquefois à une grande distance de la gare ou du port les
plus voisins, ceux qui sont désignés partent aussitôt après qu'ils ont brouté la première pousse de
l'herbe. C'est là une autre fonction, non moins importante que la première, des *Cowboys* qui quittent
leurs habitations en bois et qui, durant plusieurs
mois quelquefois, conduisent leur troupeau à la
gare ou au port d'embarquement. Leur petite
troupe ne se compose guère que d'une douzaine
d'individus, commandés par un « foreman », un
cuisinier, qui est en même temps le cocher du

Cowboy examinant
la marque d'une bête
prise au lasso.

Prise au lasso !

véhicule contenant leurs
approvisionnements de
voyage, les accompagne.
Le « foreman » conduit
le troupeau, recherche
les bons pâturages, choisit les campements où la
petite troupe doit passer la nuit. Il veille aussi à ce
que le bétail n'engraisse pas en route et qu'il ne
devienne pas inapte à fournir les étapes réglementaires. Ce n'est qu'en s'approchant du lieu de destination qu'on donne licence à ces bêtes de manger à
discrétion. En temps ordinaire, l'étape n'est que de
treize kilomètres ; parfois on la porte presque au
double, soit à vingt-quatre kilomètres.
La nuit, tandis que bêtes et *Cowboys* dorment,
quelques-uns de ceux-ci veillent sur le troupeau,
jusqu'au moment où le « foreman » donne, au point
du jour, le signal du départ.
Au premier coup d'œil, on reconnaît les *Cowboys*
des steppes américains. Ils portent, en effet, un accoutrement étrange même pour ces contrées loin-
taines. Vêtus d'une culotte de peau, chaussés de

bottes armées de longs éperons mexicains, ils ont
à leur ceinture une sorte de navaja et un revolver
constamment chargé. Quant à leur caractère, c'est
un mélange d'impudence et d'insouciance ; leur
ivrognerie habituelle les rend quelquefois dangereux. Dans les prairies pourtant, où on les compte
par milliers occupés à conduire leurs troupeaux, on
n'a rien à redouter d'eux. D'autant moins que la plupart du temps ils sont à jeun. Mais dans les villes
et dans les villages, étant durant les mois d'hiver
sans occupation et sans argent, ils sont souvent à
craindre. D'ailleurs, peu scrupuleux de leur nature,
ils se servent vo-
lontiers de leurs
revolvers. On les
voit, dans cette sai-
son, hanter les caba-
rets et on y entend
leur horrible idiome
composé, en majeure
partie, de jurons
empruntés à toutes
les langues.
Il arrive parfois, à
ces Indiens et à ces
« sang-mêlé », de se
réunir par bandes et
de mettre complète-
ment à sac un vil-

lage entier. D'autres fois, —durant la morte-saison,
naturellement — par troupes de cinquante ou
cent, ils entreprennent une expédition du côté du
Mexique.
Cette étrange et pittoresque population est, en
somme, un mélange bizarre de bandits et de rudes
serviteurs, qui rendent de grands services à l'élève
du bétail. Telle est la misérable fin des héritiers
des nobles Indiens, Où les carabines anglaises et
américaines avaient échoué, l'eau-de-vie a réussi.
Sans doute, les *Cowboys* ne sont encore civilisés
qu'à moitié : et, d'ailleurs, nombre de « blancs » se
trouvent parmi eux. Néanmoins, ils ont cessé d'être
des héros pour devenir plus utiles, en somme, que
nuisibles à la société.

Un dîner
en plein air.

CHOSES ET AUTRES

X... a acheté un superbe parapluie de quarante francs.

Hier, par la pluie, X... sort et constate bientôt que son parapluie est complètement détraqué par les quelques gouttes qu'il a reçues.

Il va immédiatement se plaindre au marchand. Celui-ci examine le parapluie sous toutes ses faces ; puis, tout à coup :

— Je vois, lui dit-il, ce que c'est : votre parapluie aura reçu de l'eau !

**

Au Palais de Justice.

Un brave campagnard, récemment débarqué à Paris, se promène dans la salle des pas-perdus en compagnie d'un cousin.

— Dis-moi donc, demande-t-il à celui-ci, comment s'appellent ces *machins* que ces gens-là portent sous le bras ?...

— Ce sont des serviettes.

— Ça, *des serviettes !*... Mais il faut que la besogne qu'on fait ici soit bigrement sale pour qu'elles deviennent aussi noires que ça !...

**

Scène d'administration.

Le chef de comptabilité à un employé :

— Comment ! ce travail n'est pas fini !... Vous avez donc flâné ?

L'employé, *vexé.* — Monsieur, vous devriez *peser* vos paroles...

Le chef, *facétieux.*— C'est bon, achevez d'abord votre *balance !*...

**

Toto, qui a rencontré souvent un aveugle jouant de l'accordéon, accompagne sa mère qui fait une visite.

Des jouets sont éparpillés sur tous les meubles, et Toto regarde en ouvrant des yeux énormes. Tout à coup, son visage s'assombrit, il aperçoit un accordéon sur un fauteuil et, se tournant vers l'amie de sa mère :

— T'as donc un malheureux dans ta famille, dis ?

**

Champoireau se plaint d'une fille aînée qui lui donne du fil à retordre.

— Cette enfant est un véritable démon.

— Que veux-tu, fait la mère, nous l'avons élevée à la diable !

**

Définition de la jolie femme, d'après Fontenelle :

« Le paradis des yeux, l'enfer de l'âme et le purgatoire de la bourse. »

RÉBUS

Explication du dernier rébus :
Un cœur sensible est une source de souffrances.

PENSÉES

L'effet d'une éducation trop forte est d'imposer à l'esprit une telle tension que la réalité lui devient invisible.

**

Il est dur de passer pour un radoteur, mais l'expérience apprend au journaliste qu'il faut plus d'un coup de marteau pour enfoncer un clou.

**

Le pont des Arts a été de tout temps le plus fréquenté des chemins de Damas.

**

Avec les femmes, l'amitié s'imprègne aisément des espérances ou des regrets de l'amour.

**

La science, la philosophie, l'histoire tendent à se passer de Dieu, mais l'art, la morale, la vie elle-même ne peuvent se passer d'idéal.

Le Gérant : HENRI HOUSSAYE.

2 — 9 Septembre 1888.

Imp. de l'*Illustration*, L. MARC, 13, r. Saint-Georges, Paris.

Gratuit
pour les abonnés directs du journal.

10 Centimes le Numéro

Paraît
toutes les semaines.

Le Petit Colon

ALGÉRIEN

SUPPLÉMENT ILLUSTRÉ

ABONNEMENTS AU PETIT COLON ALGÉRIEN
Algérie : 3 mois : 4 fr. 50; 6 mois : 9 fr.; 1 an : 18 fr.
France : 3 mois : 6 fr. » ; 6 mois : 12 fr.; 1 an ; 24 fr.
FRAIS DE RECOUVREMENT EN PLUS
Les abonnements sont payables d'avance et partent
du 1er et du 15 de chaque mois.

ON S'ABONNE
Aux Bureaux du PETIT COLON
à Alger, Rampe Magenta, 16.
Le PETIT COLON paraît tous les jours.

NOS GRAVURES

L'affaire Atchinoff

Nous rappellerons brièvement les faits, qui sont connus. Le cosaque Atchinoff était le chef d'une expédition qui se rendait en Abyssinie dans des intentions que nous n'avons pas à rechercher. A la fois militaire et religieuse, cette expédition était accompagnée d'un archimandrite et de plusieurs popes.

Le 18 janvier, trompant la surveillance de nos croiseurs, Atchinoff débarqua à Tadjourah, et, le même jour, le gouverneur d'Obock envoyait auprès de lui s'assurer de ses intentions et l'inviter à se conformer à nos règlements qui interdisent le transport et le passage des armes sur notre territoire.

Atchinoff refusa d'accéder à l'invitation du gouverneur et, passant à Sagallo, il y occupa un ancien fortin sur lequel il arbora le drapeau russe du commerce, en même temps qu'il proclamait l'acquisition de ce territoire, en vertu d'une convention passée avec le sultan de Tadjourah. Le gouverneur d'Obock en référa alors au gouvernement russe, qui répondit qu'Atchinoff agissait en dehors de toute attache, même officieuse, à ses risques et périls.

On sait la suite, et comment l'amiral Olry, pour en finir avec l'opiniâtreté du cosaque, dut recourir au canon. Il y eut quelques morts et, sur le premier moment, beaucoup de cris qui bientôt cessèrent, pour la plupart, de se faire entendre, lorsqu'on eut compris que cet événement douloureux n'était pas de nature à troubler et ne troublerait pas la bonne harmonie qui règne entre les gouvernements de Paris et de Saint-Pétersbourg.

La Ligue des patriotes

C'est cette affaire Atchinoff, dont nous venons de parler, qui a amené la suppression de la Ligue des patriotes, qui avait été d'une violence rare dans l'expression de ses sentiments, comme on en peut juger par sa protestation, publiée au reçu

L'HETMAN ATCHINOFF

de la nouvelle du bombardement de Sagallo; ce document était signé Paul Déroulède, président de la Ligue ; G. Laguerre, délégué général, et Pierre Richard, secrétaire général.

Devant cette attitude du comité-directeur de la Ligue, les ministres s'émurent et ils examinèrent la question de savoir s'il y avait lieu de poursuivre les signataires de la protestation. L'ayant résolue affirmativement, ils agirent aussi-

tôt. Des perquisitions eurent lieu au local de la Ligue, place de la Bourse, et un commissaire de police prévint le Comité que cette association, qui n'avait pas été reconnue, ne serait plus autorisée à se réunir.

Dans la première perquisition on avait, sur le refus de M. Déroulède de livrer les clés de son secrétaire et des autres meubles, dû recourir à un serrurier du voisinage. M. Déroulède avait vivement protesté et lu devant l'ouvrier les articles du Code relatifs au bris des serrures. La même scène se reproduisit le lendemain.

La principale pièce du coffre-fort, qui n'a rien de particulier, sinon qu'il est surmonté d'une terre cuite représentant un soldat croisant la baïonnette et d'un obus, avait déjà été forcée, et assez facilement. Mais les deux petits caissons du haut et du bas offrirent les plus grandes difficultés, et ne purent être ouverts que par un ouvrier de la maison qui avait fourni le meuble.

C'est cette dernière scène que représente notre gravure. Pendant que M. Déroulède proteste, l'ouvrier requis par le commissaire exerce des pesées sur le caisson du haut qui finit par céder. On sait que dans ce coffre-fort on n'a trouvé que quelques liasses de papiers insignifiants.

Les jeux scolaires

LA CROSSE

C'est un vrai soulagement, au milieu des discussions passionnées et oiseuses auxquelles nous nous livrons si volontiers, de pouvoir s'occuper un peu, ne fût-ce qu'en passant, d'une de ces œuvres qui ne comptent que des amis et pas un adversaire, telles que la Ligue de l'éducation physique, dont le fondateur est, on le sait, M. Philippe Daryl. Il n'est personne, en effet, qui puisse mettre en doute l'utilité et l'opportunité

L'INCIDENT ATCHINOFF. — VUE DE TADJOURAH

UNE PERQUISITION A LA LIGUE DES PATRIOTES : L'ouverture du coffre-fort.

LES JEUX SCOLAIRES AU BOIS DE BOULOGNE : Le jeu de la crosse

de ces exercices, remis en honneur parmi la jeunesse de nos lycées. C'est au bois de Boulogne, sur une vaste pelouse qui s'étend entre l'allée des acacias, le tir aux pigeons et le château de Madrid, qu'ont lieu communément les jeux scolaires, et l'un des plus goûtés, parmi ces jeux, est certainement celui de la *crosse*, dont notre gravure peut donner une idée. Ce jeu, très français et très ancien, consiste, étant donné deux camps adverses, à lancer et faire passer une balle entre les deux poteaux qui marquent, aux deux extrémités du terrain, les buts opposés. L'instrument dont chaque joueur se sert pour cela est formé d'un long bâton recourbé en crosse et muni à son extrémité inférieure d'une sorte de raquette en courroie de bœuf. Excellent exercice, comme on le voit, et qui met en jeu, avec la force et l'agilité, la souplesse des deux poignets et la rapidité du coup d'œil.

PETIT COURRIER

La langue parisienne s'enrichit chaque jour de nouvelles expressions. Nous avons maintenant les *troueux*.

— Qu'est-ce que les *troueux*?

— Les *troueux* sont ceux des habitants des environs de la place Boïeldieu qui estiment qu'on ne doit rien installer de provisoire sur l'emplacement de feu l'Opéra-Comique, et qu'il faut laisser, durant l'Exposition, ce trou noir, comme une honte au gouvernement.

Je ne comprends pas beaucoup la politique de ces *troueux*. Evidemment, l'Opéra-Comique ne saurait être reconstruit avant l'ouverture de l'Exposition, et la moindre installation vaudrait mieux que cet espace vide entouré de palissades. Quelqu'un avait parlé de construire là un panorama. Les esprits poétiques et chagrins ont poussé les hauts cris :

— Eh quoi! construire un panorama à l'endroit même où ont expiré tant de victimes! Ce serait profaner un cimetière!

Mais ce cimetière, en supposant qu'on reconstruise un théâtre dessus, on le profanera peu ou prou, car je ne crois pas qu'une salle de spectacle soit précisément un sanctuaire. Un sanctuaire de l'art, soit; mais avec de jeunes personnes qui sanctifient en jupes courtes. Bref, les *troueux* ont triomphé. Les *troueux* ont obtenu d'une assemblée de Parisiens que l'emplacement de l'Opéra-Comique resterait à l'état de trou. Le grand parti des *troueux* doit être content. Le trou subsiste. Vivent les *troueux* !

RÉBUS

Explication du dernier rébus.
Le nouveau cabinet pris à la droite s'impose à la gauche

CHOSES ET AUTRES

Un gommeux menace, pour la dixième fois, son oncle de se tuer s'il ne lui donne pas 10,000 francs. « Il s'agit d'une dette d'honneur, etc! »

— Tout ce que je pourrais faire pour toi, répond l'oncle, ce serait de te prêter mon revolver... mais tu irais le vendre.

.·.

Joséphine à sa maîtresse, en se rengorgeant :
— Madame a dû voir que j'ai fait le salon à fond?

La maîtresse, avec douceur :
— Sans doute, mon enfant, puisque vous avez cassé deux tasses et que tous les tableaux sont de travers.

Gratuit
pour les abonnés directs du journal.

10 Centimes le Numéro

Paraît
toutes les semaines

Le Petit Colon

ALGÉRIEN

SUPPLEMENT ILLUSTRÉ

ABONNEMENTS AU PETIT COLON ALGÉRIEN
Algérie : 3 mois : 4 fr. 50; 6 mois : 9 fr.; 1 an : 18 fr.
France : 3 mois : 6 fr. » ; 6 mois : 12 fr.; 1 an ; 24 fr.
FRAIS DE RECOUVREMENT EN PLUS
Les abonnements sont payables d'avance et partent
du 1er et du 15 de chaque mois.

ON S'ABONNE
Aux Bureaux du PETIT COLON
à Alger, Rampe Magenta, 16.
Le PETIT COLON paraît tous les jours.

NOS GRAVURES

M. Denfert-Rochereau

La fièvre de spéculation, qui semble être la caractérisque de cette fin de siècle, vient de faire une nouvelle victime en la personne de M. Denfert-Rochereau, le directeur du Comptoir d'Escompte, dont le suicide a causé une si vive émotion à Paris. Autant par la correction de son passé que par la situation considérable à laquelle il était rapidement parvenu dans la maison de banque de la rue Bergère, M. Denfert paraissait devoir attendre un meilleur sort. D'esprit vif, de parole brève, il portait dans ses actes quelque chose de militaire, d'irrévocable et de tranchant, qui déteignait jusque sur ses allures, et le soumettait lui-même à une discipline étroite dont il ne se départissait jamais : caractère irascible à la surface, mais, au fond, laissant voir à des yeux attentifs d'excessives bontés.

C'est en 1865 que M. Denfert-Rochereau était entré, avec des appointements modestes, au Comptoir d'Escompte, sous la direction de M. Pinard. Les qualités du jeune homme n'échappèrent pas à celui-ci ; en 1869, il l'attachait à son cabinet comme secrétaire particulier et ne tardait pas à lui confier au loin, à Hong-Kong et à Shangaï, d'importantes missions dont l'intelligent employé sut s'acquitter avec bonheur. Bientôt il demandait à son directeur la main de sa fille et celui-ci n'hésitait pas à consentir à l'union des deux jeunes gens. Dès lors, M. Denfert-Rochereau déploya une activité réelle et rendit au Comptoir d'Escompte d'assez grands services pour en être nommé quelques années plus tard secrétaire général, puis sous-directeur, enfin directeur en remplacement de M. Girod, qui, lui-même, avait succédé à M. Pinard. On le voit, tous les grades administratifs avaient été conquis par lui militairement.

On l'a dit, dans les dernières années de sa gestion, le Comptoir d'Escompte se serait engagé pour une somme de 60 millions avancés dans l'affaire des cuivres, à la Société des métaux. Cette opération n'ayant pas réussi selon le gré de M. Denfert-Rochereau, celui-ci s'est donné la mort.

Le défunt, au moment de sa mort, avait atteint sa cinquante-troisième année. Veuf depuis dix ans environ, il habitait avec ses deux petites filles, son château de Grand-bourg à Evry-Petit-Bourg (Seine-et-Oise). Il était cousin du défenseur de Belfort.

M. DENFERT-ROCHEREAU (Photographie DELTON)

Le Carnaval de Nice

On se représente difficilement la bienheureuse population de Nice préoccupée d'autre chose, pendant huit mois de l'année, que de la préparation des fêtes de toutes sortes dont elle égayera ses hôtes pendant les quatre autres mois. Son carnaval, en particulier, doit l'occuper beaucoup : car si la bataille des fleurs est cosmopolite, le carnaval est bien niçois. C'est bien Nice elle-même qui s'amuse et amuse ses hôtes. Aussi bien son carnaval a-t-il été cette année-ci, exceptionnellement brillant. Jamais, nous affirment les feuilles du littoral, Nice-la-Belle n'avait vu une pareille foule : plus de 80,000 spectateurs avaient pris part à ces fêtes. Les chars étaient au nombre de six : les *Grenouilles savantes* ont émerveillé par leur adresse ; les *Petits chevaux*, sur le char tournaient à donner le vertige. La *Nourrice universelle* semait sur sa route sa ribambelle d'enfants.

Voici maintenant *Machine en avant* : un charcutier, tout de blanc vêtu, procède à la confection de sa marchandise. A ses pieds, dans une auge, des porcs attendent avec résignation le sort qui leur est réservé. L'opérateur en prend un, le précipite dans un appareil ingénieux, et au commandement de : marche en avant! le compagnon de Saint-Antoine en ressort à l'état de saucisson.

Puis vient la *Bonne aventure*. C'est un dimanche. Les habitants d'un village se pressent autour d'une vieille sorcière. — Le *Fumeur*. C'est le cuisinier que nous voyons à notre deuxième page, trônant superbement sur son char. Après le travail, la pipe. Celle du « chef » est en écume de mer. Elle a un fourneau aux larges dimensions dans lequel le fumeur précipite des paquets de tabac représentés par des enfants. — Les *Chevaliers de Mercure*. Costumes très riches, comprenant justeaucorps, mantelets, maillots, casques ailés et caducée. Le tout en satin blanc et en argent. — Les *Pécheurs napolitains*, avec le costume traditionnel, terminent le défilé des chars, derrière lesquels suivent une foule de masques isolés, dont quelques-uns très réussis.

La lance aux Dragons

Depuis quelque temps, il s'est produit, dans notre monde militaire, un courant très marqué en faveur de la lance, courant qui s'est établi peu à peu en France quand nous avons vu les autres puissances européennes conserver une arme que nous avions mise de côté un peu à la légère après la guerre de 1870.

DÉFILE DES CHARS SUR LA PLACE MASSÉNA : Le Char de la Pipe.

NOTRE ARMEMENT MILITAIRE. — MISE A L'ESSAI DE LA LANCE DANS NOS RÉGIMENTS DE DRAGONS.

1, Coup de lance et parade contre l'infanterie. — 2. Le sondage d'un gué. — 3. En reconnaissance. — 4. Pour monter à cheval. — 5. Lance en arrêt. — 6. Coup de lance à gauche.

Avant la guerre nous avions, on s'en souvient, neuf régiments de lanciers. Sous prétexte du peu de bons services qu'ils avaient rendus pendant la campagne, l'Assemblée nationale les supprima. Et pourtant le général Chareton, dans le rapport qu'il adressait à la Chambre, reconnaissait l'emploi si multiple et si utile que les Allemands avaient fait de leurs uhlans contre nous.

Pour motiver la suppression de la lance, on a dit alors que la manœuvre de cette arme exige une habileté et une pratique que n'ont pas nos cavaliers et que la durée réduite du service ne permettrait pas de leur donner; que la lance est embarrassante et ses effets incertains; que dans un pays couvert, dans les bois surtout, elle est un obstacle à la marche; que dans le combat mêlé le cavalier ne peut plus s'en servir et qu'obligé de mettre le sabre à la main, elle n'est plus pour lui qu'un embarras.

Si ces inconvénients sont réels, il faut bien reconnaître qu'ils existent pour tout le monde et qu'ils n'ont cependant pas paru de nature à faire rejeter la lance par les armées allemande, autrichienne, russe, italienne ou anglaise.

Nous-mêmes, nous fûmes un temps tellement attachés à cette arme, dont la légende avait été si glorieuse, qu'en 1830, la croyance publique attribuait à un article secret du traité de Vienne la suppression des régiments de lanciers dans l'armée de la Restauration.

Dans les guerres à venir, on s'attend à voir la cavalerie jouer un rôle important au début des hostilités, et, dès l'instant où nos adversaires ont jugé utile d'armer leurs cavaliers de la lance, il a paru raisonnable de leur opposer une arme semblable.

C'est pourquoi le conseil supérieur de la guerre, après avoir consulté nos généraux de cavalerie, les plus intéressés de tous à cette question, a décidé que la lance serait mise à l'essai dans les dix régiments de dragons appartenant à nos divisions de première ligne. celles qui sont appelées à donner le choc de la première rencontre.

Les cavaliers du premier rang seuls seront armés de lances. Une fois le principe admis, il fallait choisir l'arme qu'il convenait d'adopter. Or, le point faible de la lance est, en général, celui du fer avec le fût. En Allemagne on a essayé des lances fabriquées entièrement en acier ou en tôle; mais on les a trouvées beaucoup trop lourdes. On en fit d'autres en fils d'acier; elles sont, paraît-il, légères, élastiques et peu fragiles. Mais elles coûtent fort cher.

Chez nous, il fut un instant question de faire usage d'une arme en bambou, semblable à celle que les Anglais ont donnée à leur cavalerie des Indes. On semble y avoir renoncé, momentanément du moins, pour reprendre l'ancienne lance modèle 1823, à laquelle on ferait subir quelques modifications, de façon à la rendre plus légère sans compromettre sa solidité.

Le maniement de la lance auquel seront exercés nos dragons se composera des mouvements les plus simples. Nos gravures représentent les différentes attitudes du cavalier, exécutant les parades et coups qui seront sans doute prescrits par le nouveau règlement.

En dotant de la lance un certain nombre de régiments, il n'est jamais venu à l'idée de nos officiers de cavalerie de compliquer l'instruction des cavaliers en les astreignant à faire des tours de force, mais bien, tout simplement, de leur mettre en main l'arme d'estoc par excellence, pique ou lance, peu importe le nom, dont l'effet moral fut si puissant sur les champs de bataille.

RÉBUS

Explication du dernier rébus.
Souvent l'audace porte bonheur.

Le Gérant : HENRI HOUSSAYE
31 Mars 1889.

Paris. — Imp. Alcan-Lévy, 24, rue Chauchat.

Gratuit
pour les abonnés directs du journal.

10 Centimes le Numéro

Paraît
toutes les semaines.

Le Petit Colon

ALGÉRIEN

SUPPLÉMENT ILLUSTRÉ

ABONNEMENTS AU PETIT COLON ALGÉRIEN
Algérie : 3 mois : 4 fr. 50; 6 mois : 9 fr.; 1 an : 18 fr.
France : 3 mois : 6 fr. » ; 6 mois : 12 fr.; 1 an : 24 fr.
FRAIS DE RECOUVREMENT EN PLUS
Les abonnements sont payables d'avance et partout
au 1er et du 15 de chaque mois.

ON S'ABONNE
Aux Bureaux du PETIT COLON
à Alger, Rampe Magenta, 16.

Le PETIT COLON paraît tous les jours.

NOS GRAVURES

Le nouveau roi de Serbie

Voici le portrait de cet enfant royal dont la destinée a ému, il y a un an bientôt, toutes les femmes, toutes les mères. C'était à l'heure où le roi Milan, usant jusqu'à la dernière rigueur de son droit, envoyait le général Protitch réclamer impérieusement à la reine Natalie exilée le fils qu'elle chérissait et qu'elle voulait garder comme une consolation suffisante à son infortune et à son humiliation. Nous avons tous présentes à la mémoire les douloureuses péripéties de cette lutte, dans laquelle toutes les sympathies sont allées à la femme, à la mère.

Tout le monde sait que la reine Natalie dut céder presqu'à la force; le prince Alexandre fut ramené en Serbie. Un caprice de son père l'avait privé à tout jamais de la présence et de l'affection maternelles; un nouveau caprice de Milan Obrenovitch vient de poser la couronne royale sur cette jeune tête de treize ans. La couronne est fragile, assez mal assurée; celui qui en hérite avant l'heure saura-t-il l'affermir? ou bien de nouvelles combinaisons de la diplomatie européenne viendront-elles souffler cruellement ce rêve printanier et l'éteindre prématurément?

L'avenir, un avenir prochain, nous le dira En attendant, on se plaît à considérer avec la sympathie commandée par la jeunesse en sa fleur cet adolescent qui a grandi vite et droit comme si la nature avait prévu qu'il serait à l'âge tendre exposé aux orages qui troublent périodiquement la péninsule balkanique. Il a les yeux profonds de sa mère : ils donnent à son visage aux lignes délicates et grêles — en même temps que le front développé et attentif — un air de réflexion précoce qui n'a rien d'enfantin et qui séduit chez les jeunes conducteurs d'hommes.

M. Boulanger à Tours

Les journaux quotidiens ont raconté dans tous leurs détails les péripéties du voyage de M. Boulanger à Tours. Nous n'y reviendrons pas. Le fait capital de cette manifestation était le banquet, qui a eu lieu dimanche à trois heures et dont notre gravure reproduit la physionomie exacte. Notre collaborateur artistique a choisi le moment où M. Boulanger prononce son discours.

La table d'honneur, élevée sur une estrade d'un mètre, occupe l'un des côtés de la salle, sur sa plus grande longueur : il y a là seulement quatre-vingts convives. Ce sont les députés, les membres du comité boulangiste de Tours, les représentants du comité de la rue de Sèze. M. Boulanger est au centre. A sa droite se trouve M. Laurenceau, avocat tourangeau, et à sa gauche M. Naquet, sénateur. Puis viennent, d'un côté, MM. Laguerre, Laisant, Turquet, etc.; de l'autre, MM. Jules Delahaye, rédacteur du *Journal d'Indre-et-Loire*, le plus connu des organisateurs de la manifestation de Tours, le baron du Saussoy, conseiller général, impérialiste, Léon Roy, membre du comité démocratique socialiste de Tours, etc. De ce même côté, au fond, s'est groupée la fanfare qui, durant le dîner, a joué les airs boulangistes les plus connus.

Perpendiculairement à cette longue table, dix-huit tables de plus petite dimension occupent la salle dans sa largeur.

Quelques bouquets sont disposés devant M. Boulanger : ce sont ceux que lui ont offerts deux ou trois jolies petites filles vêtues de robes rouges ou blanches qui, en même temps qu'elles donnaient leurs fleurs, récitaient les compliments qu'on leur avait appris.

LE NOUVEAU ROI DE SERBIE

Le vice-amiral Jaurès

Les rangs s'éclaircissent de ceux qui, après les premiers désastres de 1870, sauvèrent du moins l'honneur s'il ne leur fut pas donné de ramener la victoire : après Chanzy, après Jauréguiberry, le vice-amiral Jaurès, un autre témoin et un autre acteur de luttes héroïques et désespérées, vient de s'éteindre. Ministre depuis quelques semaines, il est mort comme un soldat à son poste, frappé par la maladie en sortant du Palais-Bourbon. Aux funérailles nationales que tous les partis avaient votées, d'un patriotique accord, les orateurs du gouvernement ont pu rappeler, avec l'assenti-ment de tous, la brillante et multiple carrière de l'amiral Jaurès, la loyauté, la distinction, la bravoure et la simplicité avec lesquelles il remplit les missions différentes qui lui furent confiées. Peut-être même aucun éloge funèbre ne sera-t-il plus éloquent et plus probant pour la postérité que la seule lecture des états de service de ce grand et bon serviteur de la patrie. Né à Paris en 1823, marin en 1840, les historiens de nos guerres peuvent suivre l'aspirant, l'enseigne, puis le lieutenant de vaisseau Jaurès partout où l'on se bat sous les plis du drapeau tricolore : en Crimée, en Italie, en Chine, en Cochinchine, au Mexique. Ici et là il est au poste de combat, à la peine; et, pour un soldat patriote, la peine, c'est l'honneur. La guerre franco-allemande éclate, le capitaine de vaisseau Jaurès est à l'armée de la Loire : on sait quelle vaillante conduite et quelle énergie le distinguèrent à l'heure de notre histoire où le découragement saisissait les cœurs les plus robustes. Il fut fait général de division, puis, à la paix, contre-amiral. Le département du Tarn, dont sa famille était originaire, envoya le contre-amiral Jaurès à l'Assemblée de 1871 qui, à son tour, l'élut parmi les premiers sénateurs inamovibles. Le souvenir de ses services, ses opinions modérées de soldat résigné à la politique plutôt que politicien, dictaient ce choix qui permettait par surcroît à Jaurès de servir encore par ses conseils et son expérience. Dans les dernières années de sa vie, les ambassades de Madrid et de Saint-Pétersbourg lui échurent et, lorsqu'il abandonna ces postes si enviés, ce fut pour prendre le commandement d'une escadre, revoir encore une fois et « vivre » la mer avant de mourir.

Me Lenté

Le nom de Me Lenté n'était guère connu du gros public avant le procès Wilson. Le rôle d'avocat d'affaires qu'il avait choisi, dès le début de sa carrière, en 1857, ne le prédestinait pas aux bruyants applaudissements de la foule. Mais si sa réputation n'avait pas franchi les limites du palais de justice, là, du moins, elle était considérable. Nulle n'y fut plus solidement assise. Il n'était personne, parmi les gens de loi, qui ne s'inclinât devant ce robuste talent.

Sa haute taille, la carrure de ses épaules, sa large poitrine, son masque puissant qu'éclairaient deux yeux pétillants de vivacité, la finesse de sa lèvre légèrement sceptique, tout en Me Lenté donnait l'expression de la force unie à une bienveillante bonhomie : il avait autant d'amis que d'admirateurs. Son autorité à la barre était incomparable. Dédaigneuse de tous les vains artifices de la rhétorique, sa parole nette, claire, allait droit au but, fouillait avec une irrésistible vigueur l'argumentation de l'adversaire, trouvant du premier coup le point faible et le mettant à nu avec une verdeur d'expression qui ne reculait même pas devant l'emploi du terme populaire quand il était de nature, par une vive image, à saisir l'esprit du juge.

D'une sûreté de mémoire impeccable, il pouvait pendant des heures plaider l'affaire la plus compliquée, hérissée de détails, hérissée de chiffres, sans recourir à une note. C'était une improvisation fougueuse dans laquelle on assistait en quelque façon à l'élaboration de la pensée du redoutable joûteur.

LE BANQUET BOULANGISTE DE TOURS : Le général Boulanger lisant son discours.

L'AMIRAL JAURES
D'après la photographie de M. Pirou

M⁰ LENTÉ
D'après la photographie de M. Van Bosch, Bover successeur

M. SCHERER
D'après la photographie de M. Pirou

TAMBERLICK
D'après la photographie de M. Reutlinger

M. Scherer

Il est difficile, dans une aussi courte notice, de donner une idée de l'esprit vaste et complexe qu'a été M. Scherer. Sa réputation n'a guère franchi que le cercle des gens qu'intéresse la discussion de questions de philosophie et de morale. Il vivait loin du monde, loin des foules, jaloux de sa propre indépendance comme de celle de ses propres jugements et de ses propres critiques. Sa haute culture littéraire, ses connaissance théologiques, le sens pénétrant qu'il avait des diverses manifestations de la vie intellectuelle, en avaient fait le philosophe et le dialecticien dont Sainte-Beuve disait qu'il pouvait prendre la mesure d'un esprit, quel qu'il fût. Aucun des écrivains, en effet, n'apporta plus de lucidité, plus de compréhension dans la critique que M. Scherer. Si son style manquait de grâce, si l'auteur se montrait à dessein dédaigneux de certaines fadeurs auxquelles on sacrifie tout aujourd'hui, en revanche, il avait une singulière vigueur. L'art de M. Scherer rappelle celui des maîtres des siècles passés : une langue sobre et forte, un goût sûr, une phrase toujours virile. Lorsque la mort l'a pris, il était en pleine possession de ses facultés. Il venait d'écrire sur Pierre Loti un article paru dans le *Temps*, dont il était un des plus anciens collaborateurs.

M. Scherer est mort à l'âge de soixante-quatorze ans. Il était né à Paris en avril 1815 d'une famille d'origine suisse. Il fit des études théologiques et occupa, à Genève, la chaire de théologie protestante dans une faculté indépendante de l'État. Il faisait partie de la rédaction du *Temps* depuis 1861. Le département de Seine-et-Oise l'avait envoyé à l'Assemblée nationale en 1871. Il quitta l'Assemblée pour entrer au Sénat en qualité de sénateur inamovible.

Tamberlick

Un des derniers survivants de la période triomphante de l'Opéra-Italien à Paris, Tamberlick, vient de mourir : il avait soixante-neuf ans ; son nom restera légitimement attaché au souvenir déjà traditionnel d'une époque particulière de l'histoire de l'art musical en France. L'époque dont nous parlons a été plus brillante que durable, et brillante d'un éclat parfois factice et étranger à l'art pur ; de ce cycle aujourd'hui fermé sans doute à tout jamais, quelques noms de virtuoses resteront bien plus que la mémoire de triomphes artistiques : il faut y faire une place spéciale à Tamberlick. Sans être un créateur, il avait en lui autre chose et mieux que le fameux *ut dièze* qui fut la cause, tout au moins occasionnelle, de ses succès éclatants. Il avait le gosier d'un chanteur, mais il en avait l'âme et aussi la modestie dans la juste mesure où cette vertu est compatible avec les ovations bruyantes et les apothéoses que Paris réserve à ses artistes préférés. Et le Paris dilettante et mondain s'était promptement laissé conquérir par ce ténor trapu, un peu gros, un peu court, un peu fruste d'aspect, qui n'avait ni la sveltesse ni l'élégance de Mario, mais qui réunissait à un degré égal la souplesse et le charme d'une voix pénétrante, avec un accent personnel plus énergique, moins fade et plus savoureux.

Librairie ABEL PILON, rue de Fleurus, 83, PARIS

A. LE VASSEUR & C°, ÉDITEURS

LIVRAISON IMMÉDIATE

de tous les Ouvrages de la Librairie française; de toutes les Partitions et Publications musicales; DE TOUTES LES PUBLICATIONS ARTISTIQUES

Gravures, Eaux-Fortes, Gravures en Couleur, etc.

AU MÊME PRIX QUE CHEZ L'ÉDITEUR

Payable CINQ FRANCS par mois PAR CHAQUE CENTAINE DE FRANCS D'ACQUISITION. ESCOMPTE au COMPTANT. — ENVOI FRANCO des CATALOGUES

M. Baer, à l'Agence Havas, 8, *place de la Bourse, est seul chargé de la publicité des* SUPPLÉMENTS ILLUSTRÉS.

Le Gérant : Henri HOUSSAYE

7 Avril 1889.

Paris — Imp. Alcan-Lévy, 24, rue Chauchat.

RÉBUS

Explication du dernier rébus.
A donné blé, fruits et raisins en abondance.

Flacon, 4 fr.; 1/2 flac., 2 fr. 25. — Envoi franco contre mandat ou timbres, RUE BONAPARTE, 40, PARIS.

Ces préparations ont une efficacité souveraine dans les cas d'**Anémie**, de **Chlorose** (Pâles couleurs), de *Menstruation nulle ou difficile*, dans les **Affections scrofuleuses** (Tumeurs, engorgements, humeurs froides), etc., etc.

CHEMINS DE FER DE PARIS-LYON-MÉDITERRANÉE

Voyages circulaires à itinéraires facultatifs

Billets individuels et collectifs.

Il est délivré, **pendant toute l'année**, dans toutes les gares P.-L.-M. des billets individuels et des billets de famille, à prix réduits, pour effectuer sur ce réseau des **Voyages circulaires à itinéraires** établis par les voyageurs eux-mêmes, avec parcours totaux d'au moins 300 kilomètres. — Les prix de ces billets comportent des **réductions** variant de 20 à 50 %. La **validité** attachée auxdits billets est de 30, 45, ou 60 jours, suivant l'importance des parcours, *avec faculté de prolongation*. **Arrêts facultatifs.**

Les demandes de billets doivent être faites au moins cinq jours à l'avance, et être accompagnées d'une consignation de 10 francs par billet. Prospectus délivrés gratuitement.

DEROGY, Opticien

33, Quai de l'Horloge, Paris

Douze Médailles d'Honneur

Hors Concours comme Membre du Jury à l'Exposition Internationale de 1878

SPÉCIALITÉ D'APPAREILS pour la PHOTOGRAPHIE

App. compl., chamb. à soufflet, 9×12 . . . . 40 fr.
Le même avec chambre à chariot rentrant, 9×12 et deux châssis doubles. . . . . . 50 fr.
Le même, pour 13×18. . . . . 75 fr.
Le même, avec objectif double aplanétique, 13×18 . 100 fr.
Appareil, dit Collégien, pour 13×18 . . . . . . 150 fr.
Appareil Touriste, très soigné, 13×18. . . . . 251 fr. 65
ENVOI FRANCO DU CATALOGUE AVEC NOTES PHOTOGRAPHIQUES
Leçons gratuites à tout acheteur d'un appareil.

GOUTTE & GRAVELLE

Guérison rapide assurée par le

SALICYLATE DE LITHINE (Fl. Pilules 5 Fr.)

Cachet SCHLUMBERGER & CERCKEL, 26, r. Bergère
Prép. CHEVRIER, pharm. 21, Faubourg Montmartre, Paris

PURGATIVES — DÉPURATIVES

60 ANS DE SUCCÈS

PILULES MORRISON-MOULIN, n° 1 et n° 2

Purgatif végétal, dépuratif du sang, guérison des douleurs, maladie de foie, de l'estomac, hydropisie, affections nerveuses; chassent les humeurs et les glaires, 2 fr. — Exiger la signature et le nom **Pilules-Moulin** sur chaque boîte. — Guérissent aussi les *maladies de la peau, eczéma, prurit, hémorroïdes* avec **Pommade Dermatique-Moulin.** 2 fr. franco.

30, rue Louis-le-Grand, PARIS et les bonnes Pharmacies.

GRILLAGES

POUR VOLIÈRES, FAISANDERIES, BASSES-COURS (40 % de rabais)

W. S. STEWART et C°

12, boul. Poissonnière, PARIS

Clôtures de Chasses.

1 mètre de hauteur, le m., 0.25 c.

NÉVRALGIES FACIALES, MIGRAINES, MAUX DE DENTS

EAU ANTINEVRALGIQUE Alph. Baer

D'UN PARFUM AGRÉABLE ET COMPLÈTEMENT INOFFENSIVE

Je soussigné déclare que Mme Pignatel, ainsi que plusieurs personnes de nos relations, ont été instantanément guéries de douleurs névralgiques par le flacon de Monsieur A. Baer.

Signé : V. PIGNATEL, **Administrateur du Crédit Lyonnais.**

Lyon, 9 mai 1867.

Monsieur Baer,

. . . . . La guérison, ou plutôt la cessation de la douleur est tellement prompte que le client émerveillé s'empresse de prendre avec lui le remède qui l'a soulagé. Vous avez dû vous apercevoir que dans notre pays vous avez obtenu de grands succès.

Signé : THÉRION, **Pharmacien de 1re classe.**

Langres, le 16 janvier 1876.

PRIX : Flacon grandeur triple, 10 fr. flacon, 4 fr., 1/2 flacon, 2 fr. 50. Envoi franco contre mandat ou timb. adr. à M. Alph. BAER, l'inventeur, 30, rue Louis-le-Grand, PARIS.

LITS ET FAUTEUILS MÉCANIQUES

POUR MALADES ET BLESSÉS

DUPONT, rue Hautefeuille, 10 (près l'École de médecine)

MÉDAILLE D'OR, BORDEAUX, 1882
Diplôme d'Honneur, Exposition du Travail, Paris 1885.

VOLTAIRE ARTICULÉ
Siège peu profond pour soulager les personnes atteintes d'oppression ; porte-jambes à 2 articulations.

VOLTAIRE GARNI ARTICULÉ
mû par une seule manivelle, oreilles mobiles, porte-jambes coulissant sous le siège.

ENVOI FRANCO DU CATALOGUE SUR DEMANDE AFFRANCHIE

PIANOS A. BORD * 14 bis, Boul. Poissonnière

PARIS

Médailles d'Or aux Grandes Expositions
MEMBRE DU JURY — HORS CONCOURS
Fournisseur du Ministère de l'Instruction publique pour les Écoles

Pianos à cordes droites, depuis 580 fr.
Pianos à cordes obliques, depuis 950 fr.
Pianos à cadre en fer et à cordes droites, depuis 700 fr.

Grande spécialité de Pianos cadre en fer et à cordes croisées, depuis 1,100 fr.

Envoi franco du Catalogue illustré

Gratuit pour les abonnés directs du journal.

10 Centimes le Numéro

Paraît toutes les semaines.

Le Petit Colon

ALGÉRIEN

SUPPLÉMENT ILLUSTRÉ

ABONNEMENTS AU PETIT COLON ALGÉRIEN
Algérie : 3 mois : 4 fr. 50; 6 mois : 9 fr.; 1 an : 18 fr.
France : 3 mois : 6 fr. » ; 6 mois : 12 fr.; 1 an ; 24 fr.
FRAIS DE RECOUVREMENT EN PLUS
Les abonnements sont payables d'avance et partent du 1er et du 15 de chaque mois.

ON S'ABONNE
Aux Bureaux du PETIT COLON
à Alger, Rampe Magenta, 16.
Le PETIT COLON paraît tous les jours.

NOS GRAVURES

L'installation du nouveau président des Etats-Unis

Le 4 mars dernier a eu lieu à Washington l'avènement du général Harrison, nommé président des Etats-Unis aux élections de décembre dernier. Les solennités qui ont eu lieu à cette occasion empruntaient un intérêt particulier à ce fait que c'était le parti républicain qui, en la personne de M. Harrison, revenait au pouvoir dont il avait été dépossédé une seule fois, depuis la

escorté par des détachements de l'armée fédérale et par les députations venues de tous les points de la Grande République. Il se rend d'abord au Sénat, où a lieu la prestation de serment du vice-président, élu en même temps que lui, puis il va prendre place sous la colonnade du grand portique d'entrée du Palais. Là sont groupés les membres du Congrès, le corps diplomatique, la cour suprême des Etats-Unis, les gouverneurs des Etats ; c'est en présence de cette assistance et à la vue de la multitude groupée devant le monument, qu'il jure fidélité à la Constitution, entre les mains du *chief-justice*, premier magistrat de la Cour suprême des Etats-Unis.

Ce sont, d'abord, les quémandeurs de tout acabit, encombrant les antichambres de la Maison-Blanche, les solliciteuses harcelant les députés influents, puis, ce tas d'agents électoraux surnommés jadis les *carpek-baggers* (porteurs de sacs de nuit), frais débarqués du chemin de fer et défilant militairement, la canne au port d'armes, devant la statue de Garfield. Chacun veut avoir son morceau et ce ne sera pas sa faute s'il ne l'obtient pas. Il est décidé à tout faire pour cela.

Le Banquet de M. Antoine au Grand-Hôtel

Ne semble-t-il pas que l'on discute beaucoup depuis quelque temps *inter pocula?* La parole vibre

Le Président jurant fidélité à la Constitution.

Les solliciteuses au palais du Congrès,

guerre de sécession, par l'élection de M. Cleveland.

C'est le lundi, 4 mars, qu'a eu lieu, à Washington, la cérémonie d'*inauguration*, comme on dit là-bas. Le nouveau président, arrivé depuis quelques jours dans la capitale, était descendu, avec sa famille, dans un des principaux hôtels de la ville, l'*Arlington*, où il avait retenu, détail à noter, l'appartement occupé précédemment par le général Boulanger lors de son voyage aux Etats-Unis à l'occasion des fêtes du centenaire de Yorcktown.

Dans la matinée, M. Harrison quittait ce domicile provisoire pour se rendre au Capitole, immense édifice dont le Sénat et la Chambre des députés occupent les deux côtés, et dont le dôme central rappelle celui de Saint-Pierre de Rome. Le nouveau président était accompagné, dans ce trajet, par son prédécesseur, M. Cleveland, et

Cette cérémonie, qui ne manque pas de grandeur, dans sa simplicité démocratique, a aussi ses petits côtés. Il ne faut pas oublier que, lorsque la bascule électorale a fait passer le pouvoir d'un parti à l'autre, comme c'est le cas présentement, le premier souci des vainqueurs est d'expulser leurs adversaires des fonctions publiques pour se les distribuer toutes, depuis les plus élevées jusqu'aux plus infimes. Quoique nos mœurs politiques soient en train de se rapprocher beaucoup, sous ce rapport, de celles des Américains, nous ne nous faisons encore qu'une faible idée, en France, d'un pareil chassé-croisé. Il faut ajouter que les inconvénients de ce bouleversement administratif seraient, chez nous, plus sensibles qu'aux Etats-Unis, où le gouvernement n'est pas centralisé comme en France et où le nombre des fonctionnaires est infiniment moins élevé.

Quoi qu'il en soit, une vraie curée des places.

plus chaude dans une atmosphère sympathique, et les vivats deviennent plus sonores une coupe de champagne à la main. Voici, aujourd'hui, la réception offerte par un groupe d'amis à M. Antoine, l'ancien et vaillant député de la Lorraine au parlement allemand. L'arrivée à Paris de M. Antoine, les chaleureuses manifestations auxquelles elle a donné lieu, les sentiments de patriotisme dont a fait montre la population parisienne, ont fait trop de bruit pour qu'il soit nécessaire de les rappeler à nos lecteurs. Mais ce qui nous a frappé dans cette explosion soudaine et enthousiaste de sympathie, c'est le peu de part qu'y prenait la politique. Plus de querelles de partis, de distinction d'étiquettes, ce n'était ni tel ou tel *leader* qu'on acclamait ; on ne voyait en M. Antoine qu'un Français qui rentrait dans sa patrie, après avoir vaillamment tenu le drapeau par delà la frontière.

Dès le lendemain de son arrivée, on a voulu

M. ANTOINE A PARIS

L'INSTALLATION DU NOUVEAU PRÉSIDENT DE LA RÉPUBLIQUE DES ÉTATS-UNIS

La place du Capitole, à Washington, pendant la cérémonie de la prestation du serment.

fournir à M. Antoine l'occasion de donner au pays les motifs de sa démission de député du Reichstag et de sa rentrée parmi nous. Un banquet réunissait autour de lui, dans les salons du Grand-Hôtel, une cinquantaine de ses amis, parmi lesquels on comptait deux sénateurs, plusieurs députés, un grand nombre de journalistes et d'hommes politiques. Inutile de dire que M. Antoine a été le triomphateur de la soirée. Comme l'a dit M. Goudchaux, tous « avaient hâte d'entendre la parole du grand patriote » ; elle a été écoutée et applaudie comme elle le méritait et tous ont répété après lui le cri de : Vive la France !

Puis, le banquet prenant fin, avant de passer au fumoir, les assistants sont venus les uns après les autres serrer la main de M. Antoine et vider une dernière fois leurs coupes en son honneur. C'est la scène que notre dessin met sous les yeux de nos lecteurs, et les différents personnages qui entourent M. Antoine, M. Goudchaux, un ami particulier, MM. Siebecker, Emile Richard, Gerville-Réache, et surtout M. Antoine lui-même que nous voyons de profil, ont l'exactitude de véritables photographies.

Petit Courrier

Le carême bat son plein : c'est-à-dire que les réceptions y sont nombreuses. Les pénitences de Paris sont des pénitences douces.

On va donner, chez une grande dame au nom historique, une fête *Henri III* comme Mme Ma-deleine Lemaire a donné une fête 1830. Au lieu des coques comme coiffures et des manches à gigot, on verra là les pourpoints de soie et les manteaux de velours des mignons. C'est un singulier besoin qu'ont les gens du monde de sortir d'eux-mêmes, si je puis dire, et d'être *autres* pour un soir, pour une nuit !

Et un besoin bien explicable. Il est très rare qu'un être humain se trouve heureux ou se trouve parfait. Les sots peut-être, mais je ne compte pas les sots, je crois bien l'avoir déjà dit : la brune rêve d'être blonde et la blonde a la fantaisie de se faire rousse. On aime à changer et à se changer. Le travestissement permet à l'homme de toucher, fût-ce en passant, à un rêve. On a été le roi Dagobert ou l'empereur Barberousse pour un soir, c'est toujours cela. Les femmes surtout ont ce désir-là. Presque toutes rêvent d'un type historique ou de la beauté ou du costume d'une femme à la mode, la plupart du temps d'une comédienne. Le bal travesti leur permet de satisfaire ce désir-là. On porte les frisons blonds de Mme Théo et la robe à crevés de Mlle Brandès dans la duchesse de Guise ou les costumes d'une des trois *Juliette de l'Opéra*. On est Marie Stuart ou Marie-Antoinette — les deux femmes les plus exploitées de l'histoire.

Bien évidemment, la belle Mme Jules Porgès en Marie-Antoinette est une Marie-Antoinette idéale. Elle en a le profil et la nationalité, étant autrichienne. L'impératrice Eugénie avait aussi la passion de Marie-Antoinette. Un ancien familier des Tuileries possède et m'a montré toute une collection de photographies exécutées au château et représentant l'Impératrice dans les divers costumes de Marie-Antoinette d'après les tableaux les plus célèbres.

M. Baer, à l'Agence Havas, 8, *place de la Bourse*, est seul chargé de la publicité des SUPPLÉMENTS ILLUSTRÉS.

14 Avril 1889.   Le Gérant : Henri HOUSSAYE

Paris — Imp. Alcan-Lévy, 24, rue Chauchat.

Gratuit
pour les abonnés directs du journal.

10 Centimes le Numéro

Paraît
toutes les semaines.

Le Petit Colon

ALGÉRIEN

SUPPLÉMENT ILLUSTRÉ

ABONNEMENTS AU PETIT COLON ALGÉRIEN
Algérie : 3 mois : 4 fr. 50; 6 mois : 9 fr.; 1 an : 18 fr.
France : 3 mois : 6 fr. » ; 5 mois : 12 fr.; 1 an ; 24 fr.
FRAIS DE RECOUVREMENT EN PLUS
Les abonnements sont payables d'avance et partent
du 1ᵉʳ et du 15 de chaque mois.

ON S'ABONNE
Aux Bureaux du PETIT COLON
à Alger, Rampe Magenta, 16.
Le PETIT COLON paraît tous les jours.

NOS GRAVURES

M. Chevreul

Depuis plus d'une année M. Chevreul ne sortait guère de sa chambre que pour se rendre en voiture jusqu'à la tour Eiffel, dont il suivait les travaux avec un vif intérêt. C'est en rentrant d'une de ces promenades à la tour, qu'il a été pris de faiblesse. Son domestique dut le monter jusque dans sa chambre, où il s'est éteint quelques jours après, doucement, sans agonie, sans souffrances. Il était âgé de cent deux ans, sept mois et huit jours.

Le sort lui avait infligé une bien cruelle épreuve à la fin de sa vie. Son fils, malade depuis quelque temps, mourut, et comme le vieillard s'étonnait de ne pas recevoir ses visites accoutumées, on lui répondit que les médecins avaient ordonné qu'on le transportât à Dijon. M. Chevreul eut le pressentiment du malheur qui le frappait. Mais s'il n'a pas eu la consolation de le voir, ce fils, à son chevet à ses derniers moments, il a reçu les soins pieux de ses petits-enfants.

Maintenant que M. Chevreul est entré dans la mort, nous avons voulu, en le représentant dans son laboratoire, le faire revivre au milieu des choses qu'il a aimées passionnément, ses livres, ses instruments, ses appareils, qui furent les compagnons inséparables de sa longue et glorieuse existence.

Nous donnons également une vue de la maison et de la chambre mortuaire de l'illustre savant. M. Chevreul, comme on le sait, habitait au second étage d'une maison située au Jardin des Plantes, près du Muséum d'histoire naturelle. Dans la chambre se trouve un grand enfoncement formant alcôve. Comme le montre notre dessin, le lit a été à moitié tiré de l'alcôve dans la chambre. M. Chevreul est revêtu d'une chemise de nuit, les mains sont croisées, et sur sa poitrine est un crucifix. Le visage est d'une sérénité admirable et l'illustre centenaire a l'air de reposer d'un sommeil calme et tranquille.

Les travaux de l'Exposition Universelle

Les travaux de l'Exposition sont arrivés au moment où les notions de mesure et de temps sont bouleversées, et tous, actuellement, depuis le plus humble des terrassiers jusqu'au plus élevé des chefs de service, dépensent une somme de travail vraiment surhumain afin que la maison soit prête et parée à la date où Paris et la France recevront leurs hôtes.

La galerie des machines, que nous reproduisons en pleine activité de travail, donnera une idée assez exacte de la façon dont on procède au Champ de Mars. A peine les terrassiers ont-ils régalé, pilonné et nivelé le sol, à peine la forme de sable est-elle étendue sur le béton, vite, les lambourdiers accourent, et les scellements ne sont pas achevés que voilà les parqueteurs en train de scier, d'assembler et de clouer les frises. A côté, coude à coude, les maçons terminent les massifs de briques aussi unis que des glaces, résistant comme des blocs de roc, et destinés à recevoir les lourdes machines envoyées de tous les coins du monde. Partout, les caniveaux des transmissions sont terminés, les mortiers pris, les enduits secs; de tous côtés s'alignent les pièces de fonte, se dressent les armatures d'acier, se hérissent les roues dentelées, se tordent les bielles compliquées, s'enchevêtrent les fines fer-

LA MAISON HABITÉE PAR M. CHEVREUL AU MUSÉUM

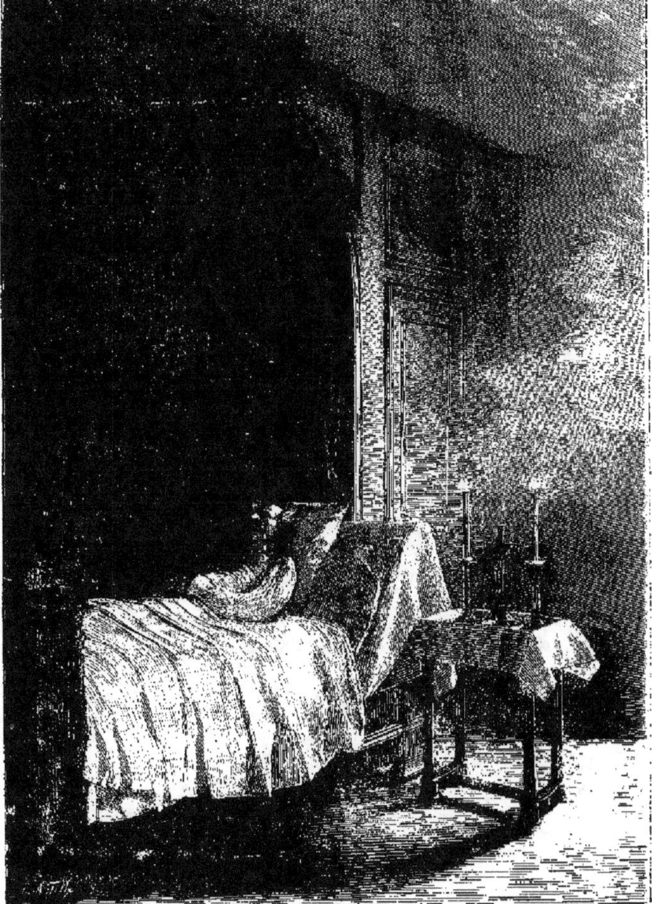

LA CHAMBRE MORTUAIRE

rures. Les mécaniciens liment, ajustent, rivent, percent et boulonnent, pendant que les trains qui se succèdent sans interruption sur la voie, dont la suppression n'aura lieu que le 20, soufflent, halètent, sifflent à l'aise dans cette cathédrale élevée à la vapeur — la divinité du jour.

adieu les nounous ! Anna Judic réserve les nounous de la *Femme à Papa* pour les exilés de Bruxelles. Il faut bien consoler M. de Rochefort. Et sur les planches que foulait encore *Lili* naguère, voilà que *Léna* meurt — et de quelle mort! Sarah a la spécialité des agonies. Mort de Marguerite Gautier, mort de Froufrou, mort de Théodora.

tion de Meilhac, Schneider, la reine de l'Exposition de 1867, que dirait-elle si elle voyait tant d'agonies sur ces planches où elle promenait, elle, le panache de la grande duchesse?

Pour cette Exposition nouvelle, dont Hortense ne sera plus la souveraine, et qui a perdu un *clou*

M. CHEVREUL DANS SON LABORATOIRE

Petit Courrier

Jamais semaine n'aura été aussi bourrée de premières représentations que celle que nous venons de traverser : Partout des œuvres nouvelles et grand tapage pour la rentrée de Sarah Bernhardt qui joue des *adaptations* de romans anglo-américains sur la scène des Variétés. Oh!

guerite Gautier, mort de Froufrou, mort de Théodora. « Il n'y a pas une femme pour mourir comme elle ! » disent ses admirateurs.

— Allons voir mourir *Léna* !

Et l'on va voir mourir *Léna* dans le temple de l'opérette. Judic était plus grasse, mais elle était plus gaie. Et Schneider, cette vieille Schneider, que j'ai aperçue à l'état de douairière à la récep

en perdant le vieux Chevreul, pour cette exhibition qui s'ouvre dans quelques jours, prête ou non, Paris se met en frais de peinture et de nettoyage. Il se maquille comme une vieille coquette qui va au bal. Tous les restaurants, les hôtels, sont nettoyés et flambant neuf comme saint-cyrien à son premier uniforme. On peint et repeint, on lave et relave. Ce ne sont qu'éponges et **seaux**

L'EXPCSITION UNIVERSELLE: LES TRAVAUX D'INSTALLATION DANS LA GALERIE DES MACHINES.

d'eaux. Quelle toilette! On entend déjà le chœur des nouveaux débarqués arrivant aux gares de nos chemins de fer. Et parmi ces débarqués, il y a Coquelin qui s'apprête à remplir Paris de ses créations nouvelles. Il faut bien, puisque la Belgique nous prend quelques-uns de nos plus bruyants personnages, que l'étranger nous en rende de temps à autre, afin de rétablir l'équilibre.

Mais ce qui me préoccupe le plus dans le débarquement des étrangers, c'est celui des Maoris, d'une troupe de Maoris en route pour Paris, où nous allons pouvoir juger de leur charme et de leur grâce. Les Maoris! le nom ne dit pas grand-chose à nos boulevardiers; mais demandez à nos marins ce que sont ces populations dignes de l'âge d'or. Un peuple qui ne demande qu'à chanter, à danser et à aimer! Un peuple qui se nourrit de l'arbre à pain, qui ne rêve rien au-delà de son île, et dont les jolies filles pleurent à chaudes larmes lorsqu'un navire reprend la mer.

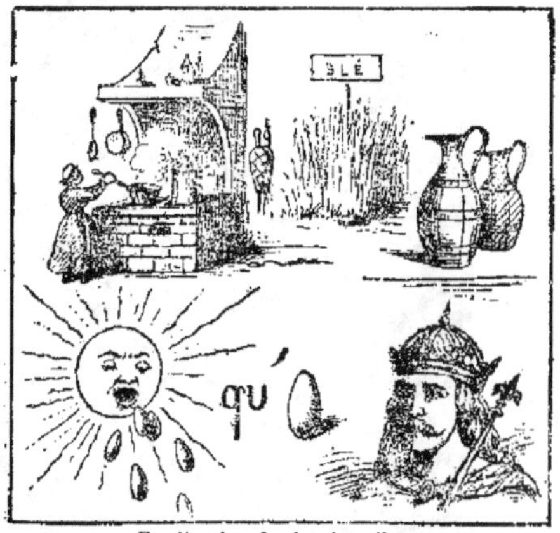

CHOSES ET AUTRES

Au tribunal correctionnel :

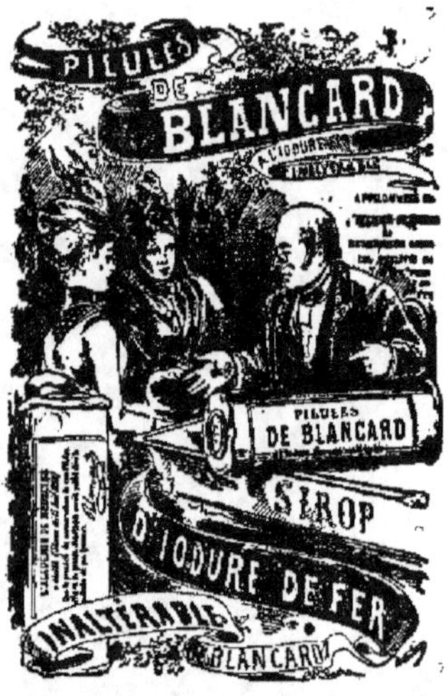

— Les vols qui vous sont reprochés sont des vols à l'étalage. C'est toujours le même épicier qui est votre victime...

— Mon président, je n'aime que cette marque-là!

⁂

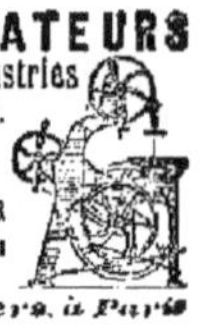

A l'examen des candidats pour le grade d'officier de territoriale :

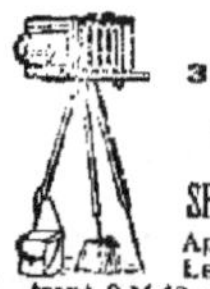

Le colonel. — Parlez-nous de la défense des lieux habités?

Le candidat. — Des lieux habités? C'est bien simple, mon colonel; on crie : il y a quelqu'un!

⁂

C'est l'instant du dessert. On apporte un superbe gâteau sur la table :

— J'en veux, fait Toto.

— Tu n'as plus faim, lui dit son père, et tu ne saurais avaler une bouchée de plus.

— Oh! si, papa, en me tenant debout!

⁂

Au restaurant :

Z... vient d'attaquer une douzaine d'huîtres, les gratifiant d'une goutte de citron pour constater à leurs crispations qu'elles étaient bien vivantes.

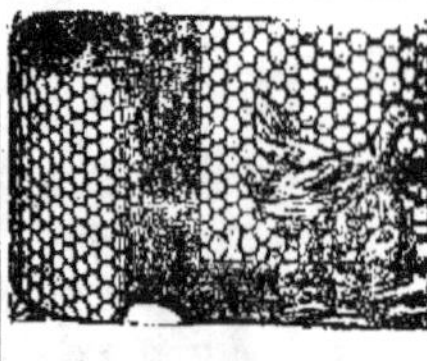

L'essai n'ayant pas réussi, Z... dit au garçon :

— C'est curieux, elles sont fraîches, mais il me semble qu'elles ne remuent pas comme autrefois.

— Oh! fit le garçon en homme qui a beaucoup observé, on en mange tant maintenant, que cela ne leur fait plus rien.

⁂

Un ami de X... rentier, d'une cinquantaine d'années, veuf, père de trois filles, fait annoncer dans un journal qu'un riche quinquagénaire désire se remarier et donne son adresse poste restante.

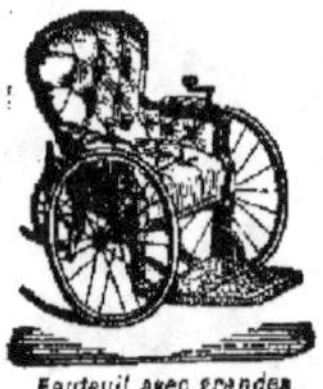

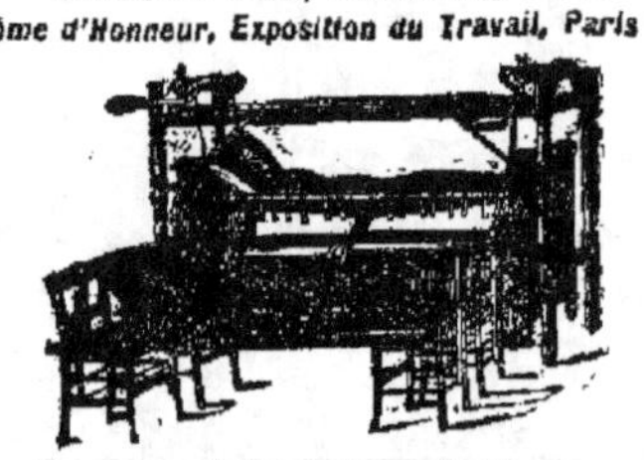

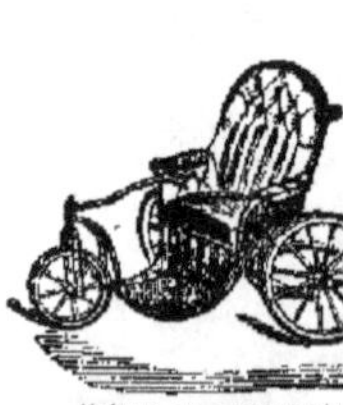

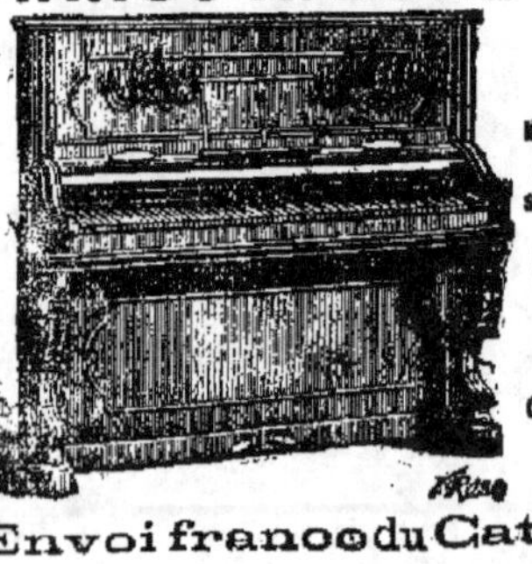

Le lendemain, il passe à la poste et trouve trois lettres... venant de ses trois filles.

RÉBUS

Explication du dernier rébus.
Les souliers de Noël sont le pied à terre du ciel.

M. Baer, à l'Agence Havas, 8, place de la Bourse, est seul chargé de la publicité des SUPPLÉMENTS ILLUSTRÉS.

28 Avril 1889. Le Gérant : Henri HOUSSAYE

Paris — Imp. Alcan-Lévy, 24, rue Chauchat.

Gratuit
pour les abonnés directs du journal.

10 Centimes le Numéro

Paraît
toutes les semaines.

Le Petit Colon

ALGÉRIEN

SUPPLÉMENT ILLUSTRÉ

ABONNEMENTS AU PETIT COLON ALGÉRIEN
Algérie : 3 mois : 4 fr. 50; 6 mois : 9 fr.; 1 an : 18 fr.
France : 3 mois : 6 fr. »; 6 mois : 12 fr.; 1 an : 24 fr.
FRAIS DE RECOUVREMENT EN PLUS
Les abonnements sont payables d'avance et partent
du 1er et du 15 de chaque mois.

ON S'ABONNE
Aux Bureaux du PETIT COLON
à Alger, Rampe Magenta, 16.
Le PETIT COLON paraît tous les jours.

NOS GRAVURES

L'Exposition universelle

Quand ce supplément paraîtra, l'Exposition sera ouverte ou bien près de l'être. Aussi, au moment où nous écrivons, est-on en train de donner au Champ de Mars un coup de collier formidable, le dernier. Décidément, on sera prêt! et j'avoue que cela tient du miracle. Il y a moins d'un mois en visitant les chantiers, nous avions des doutes. Maintenant il n'y a plus à douter, il n'y a plus qu'à acclamer et, à partir du 6 mai, les fêtes commencent. On connaît le programme. Inutile d'en parler, mais comme on ne parle que de l'Exposition, comme tous les yeux, tous les esprits, tous les espoirs, toutes les ambitions, tous les rêves sont tournés vers ce Champ de Mars devenu aujourd'hui le Champ de Mai, nous croyons aller au-devant des vœux de nos abonnés, en attendant le grand événement, de leur offrir le plus de vues possible des constructions curieuses qui vont attirer la moitié du monde dans la capitale de la France. Nous en donnons quatre

aujourd'hui, pour commencer, pour nous mettre en goût.

Notre dessin d'une page représente la rue du Caire, une merveille, qui sera un des grands attraits de l'Exposition. Toute la vie orientale se retrouve là, évoquée par M. le baron Delort de Gléon, secondé par un jeune architecte, M. Lucien Gillet. M. de Gléon n'a rien oublié : voici le café, la station des âniers, la mosquée, l'école, les boutiques des marchands, tout cela construit avec des matériaux du pays, apportés à grands frais.

Voici le palais des Arts libéraux, qui fait vis-à-vis au palais des Beaux Arts, dont il est séparé par le parc. Les deux palais sont de M. Formigé. Les coupoles, recouvertes de tuiles émaillées, sont dignes de fixer longtemps l'attention et méritent d'être admirées de tous.

Nos trois autres gravures sont consacrées au palais central des Colonies, ainsi qu'au pavillon de l'Algérie et de la Tunisie. On les trouve à l'esplanade des Invalides où l'on se rend du Champ de Mars par le petit chemin de fer Decauville. Ce quartier, réservé aux colonies, offre une agglomération de palais exotiques, de pagodes mystérieuses, de tours, de pyramides, de maisons plus bizarres les unes que les autres, qui fait

rêver, un rêve fait après avoir fumé une forte dose de hachisch. Quant aux pavillons algérien et tunisien, l'un de M. Albert Ballu, l'autre de M. Saladin, c'est l'élégance et la coquetterie même.

Et maintenant, attention. La toile va se lever sur l'étonnant spectacle. Les trois coups sont frappés.

PETIT COURRIER

Barbey d'Aurevilly, écrivain catholique, qui vient de mourir, aura été plus loué par les journaux radicaux que par les journaux catholiques. Il disait lui-même de ceux ci :

— Je suis de leur religion, mais pas de leur monde !

Louis Veuillot n'avait-il pas dit de Barbey : « Il met trop de poudre et trop d'eau-de-vie dans son eau bénite. » L'eau-de-vie, la *maîtresse rousse*, Barbey d'Aurevilly l'avait, en effet, chantée :

Je pris pour maître un jour une rude maîtresse,
Plus fauve qu'un jaguar, plus rousse qu'un lion !
Je l'aimais ardemment, âprement, sans tendresse,
Avec passion plus qu'adoration !
C'était ma rage, à moi, ma dernière folie !

EXPOSITION UNIVERSELLE. — Le Pavillon Annamite et Palais central des Colonies.

EXPOSITION UNIVERSELLE. — La rue du Caire.

LE PALAIS DES ARTS LIBÉRAUX

Mais il n'y a pas de dernière folie, pas plus qu'il n'y a de suprême sagesse.

Le Salon ouvre au milieu de ces préoccupations. Le Salon, toujours si intéressant, souffre des splendeurs attendues de l'Exposition. C'était la grosse pièce au 1er mai dernier; c'est la petite en 89. Mais le vernissage n'en a pas moins battu son plein, et la légendaire *sauce verte* dont les journaux anglais et américains eux mêmes entretiennent leurs lecteurs, la sauce verte a doucement baigné les fragments de saumon rose, servis aux héros de ce légendaire vernissage. Mais que les peintres auront gémi sur cette *Universal Exhibition* qui remet leur lambeau de toile au second plan!

Les hôteliers de Versailles sont de meilleure humeur que les peintres. On va fêter chez eux, en mangeant peut-être aussi du saumon sauce verte, l'ouverture des Etats Généraux. Jouez, les grandes eaux! Le président ira en attelage à la Daumont, célébrer le souvenir du 5 mai 1789 et offrir à ses invités des parfaits glacés dans la galerie des Glaces. Je sais bien que l'on a banqueté à Versailles dans cette même galerie, du temps de M. le maréchal de Mac-Mahon, mais je ne puis y entrer sans que le souvenir de la proclamation de l'empire d'Allemagne faite là, un jour de janvier, ne me remonte au cœur et me prenne à la gorge.

Oh! ne craignez rien; nous ne pensons à attrister aucune de nos joies. Nous oublions tout, nous laissons de côté nos préoccupations, nos rivalités, nos haines. C'est entendu.

Et notez qu'en dépit des séductions de la grande ville, les Parisiens n'en iront pas moins se griser de campagne et de grand air. On fêtera la tour Eiffel; mais plus d'un ira la contempler du haut de la terrasse de Saint-Germain, là-bas droite comme une quille géante derrière le Mont-Valérien. Le Parisien est né rural. Ceci n'est point un paradoxe.

O les échappées vers Asnières, Chaville, Meudon ou les bords de la Marne! Ah! vous croyez que les splendeurs de l'Exposition empêcheront les petits propriétaires de jardiner et les canotiers de canoter? Allons donc! Vous ne connaissez point l'humanité. Et moi-même, qui suis boulevardier en diable et endiablé, croyez-bien qu'il m'est doux, au sortir d'une première, de prendre un ticket pour les bois reverdis, er c'est pourquoi, comme dit un poète:

Et c'est pourquoi je m'en vais par les plaines
Essayant de surprendre au vol de chaque haleine
Une harmonie, un son, un soupir, une voix,
Et que parfois j'écoute, au lent retour des bois,
Dans les sentiers où l'ombre allonge au soir ses taches,
Les clochettes d'airain tinter au col des vaches.

EXPOSITION UNIVERSELLE. — Pavillon de l'Algérie et de la Tunisie.

Ils sont de M. Lucien Paté, ces vers musicaux et profonds, de M. Paté, un Bourguignon qui est plus rapproché du pays de Lamartine que de celui de Piron, et dont le volume exquis, tout parfumé d'une *bonne odeur de nature*, m'a donné comme une halte charmante. *Poèmes de Bourgogne*, par Lucien Paté! Lisez-les, ces poèmes-là. On y sent battre le cœur d'un homme et passer le souffle d'un patriote.

Nous devions avoir la représentation d'adieux de M. Maubant. Nous ne l'aurons pas, du moins ce mois-ci. Il paraît que l'Exposition, elle aussi, a fait peur à Don Diègue. La représentation de retraite de Maubant et la célébration de l'ouverture des États généraux à un jour de distance, c'était trop. M. Maubant s'est sacrifié. Il a dit à l'Exposition avec le geste de Don Diègue :
— Passe la première!

Coquelin n'eût pas donné cette marque de déférence au centenaire de 1789. Mais le vieux Maubant est plus modeste. Il est de l'antique école. Ces bons vieillards avaient du bon.

Quant au général Boulanger, lui aussi ne veut pas troubler l'Exposition. Mais il ne donne pas sa représentation de retraite. — Il est en *tournées*.

CHOSES ET AUTRES

Un navire brésilien entre dans le port de Marseille. Le capitaine fait venir à son bord un pilote pour le guider dans les passes.

— Vous connaissez bien la côte? demande le capitaine au pilote.
— Si zé la connais! zé sais par cœur les noms de tous les récifs!...
A ce moment un horrible craquement se fait entendre, le bateau s'entrouvre et le pilote dit avec un admirable sang-froid :
— Té, en voilà un!

.·.

— Justine, faites entrer le pédicure.
— Madame, il vient de partir, après avoir attendu très longtemps : il a dit en s'en allant qu'il n'aimait pas à faire le pied de grue.
— L'insolent!

.·.

Comment, Calino, vous vous occupez d'astronomie?
— Ne m'en parlez pas, ça me passionne.
— Et de qui est ce traité que vous lisez?
— D'un grand savant, un homme admirable. Il n'oublie qu'une seule chose.
— Et laquelle?
— C'est de nous dire comment on s'y est pris pour connaître le nom des planètes!

Explication du dernier rébus.
La vie portée à deux est allégée.

12 Mai 1889.   *Le Gérant :* HENRI HOUSSAYE

Gratuit
pour les abonnés directs du journal.

10 Centimes le Numéro

Paraît
toutes les semaines.

Le Petit Colon

ALGÉRIEN
SUPPLÉMENT ILLUSTRÉ

ABONNEMENTS AU PETIT COLON ALGÉRIEN
Algérie : 3 mois : 4 fr. 50; 6 mois : 9 fr.; 1 an : 12 fr.
France : 3 mois : 6 fr. » ; 6 mois : 12 fr.; 1 an ; 24 fr.
FRAIS DE RECOUVREMENT EN SUS
Les abonnements sont payables d'avance et partent
du 1er et du 15 de chaque mois.

ON S'ABONNE
Aux Bureaux du PETIT COLON
à Alger, Rampe Magenta, 16.

Le PETIT COLON paraît tous les jours.

NOS GRAVURES

Inauguration de la statue de Le Verrier

Ce monument élevé à Le Verrier par souscription internationale a été inauguré le 27 juin dans la cour d'honneur de l'Observatoire. L'illustre astronome est représenté debout, tenant de la main gauche un manuscrit et indiquant de la main droite, sur une sphère céleste, la position de la planète Neptune déterminée par ses calculs. Sur le piédestal sont de remarquables bas-reliefs rappelant quelques-uns des travaux du savant. D'un côté une figure aérienne, l'*Astronomie*, trace dans le ciel les orbites des planètes et son stylet s'arrête sur la planète la plus éloignée du soleil, *Neptune*, découverte par Le Verrier. De l'autre côté, la *Météorologie* montre du doigt l'Observatoire d'où partent les avertissements météorologiques créés par Le Verrier. Ces bas-reliefs sont encadrés entre deux frises de sculpture décorative : dans la frise haute les signes du zodiaque alternent avec des étoiles; la frise basse est formée par des rinceaux nerveux de feuilles et de fleurs. La face principale du piédestal ne porte que ces simples mots qui ont leur éloquence!

U. J. J. LE VERRIER
1811-1877
Souscription internationale

M. Chapu est l'auteur de la statue et des bas-reliefs. Le monument a été composé par M. L. Magne, gendre de Le Verrier, et M Genuys, architectes.

Toutes les illustrations du monde savant ont tenu à honneur d'assister à cette belle fête de la science que présidait M. le ministre de l'instruction publique et des beaux-arts, entouré des directeurs du ministère.

M. Fizeau, président du comité de souscription, a offert la statue à l'Observatoire, au nom des souscripteurs français et étrangers. Le contre-amiral Mouchez a rappelé en quelques paroles qui ont profondément impressionné l'assistance le dévouement absolu à la science de son illustre devancier. L'éminent physicien, M. Cornu, a pris ensuite la parole pour lire un beau discours de M. Otto Struve, le directeur de l'observatoire de Pulkowa, exprimant la vénération des savants étrangers pour celui que le doyen des astronomes, sir G. Airy, directeur de l'observatoire de Greenwich, a surnommé le « Géant de la science ».

M. Tisserand, le successeur de Le Verrier à l'Académie des sciences, rappelle que la magnifique découverte de Neptune n'a été qu'un épisode dans la longue carrière scientifique de Le Verrier, et il retrace à grands traits les immenses travaux de l'astronome

Le secrétaire perpétuel de l'Académie des sciences, M. Lertrand, a prononcé dans un langage élevé l'éloge historique de Le Verrier.

Après la cérémonie, le contre-amiral et Mme Mouchez assistés des enfants de l'illustre astronome, Mme Lucien Magne et M. Urbain Le Verrier, ont reçu les invités dans les salons de l'Observatoire. Tous garderont le souvenir de cette émouvante cérémonie où la science française a été glorifiée par les Français et les étrangers dans la personne d'un de ses plus illustres représentants.

La « Tempête » à l'Opéra

Mlle Mauri.

Toute l'histoire imaginée par M. Barbier d'après Shakespeare se déroule côté le pas des flibules, place presqu'au début de l'œuvre, et

La statue de LE VERRIER
Inaugurée à l'Observatoire le 27 juin 1889

la gravure que nous publions et qui représente le vaisseau, le vaisseau destiné à devenir non moins fameux que le navire de l'*Africaine*. En deux mots, la petite Miranda, apportée dans l'île, a grandi au milieu des génies, élevée par Caliban et Ariel; mais elle s'ennuie. Elle ne retrouve sa joie que lorsqu'elle rencontre le beau Ferdinand, et elle n'est complètement heureuse que lorsque sort de l'eau le vaisseau naufragé, qui la ramène, elle et son beau cousin, dans sa patrie.

Le navire paraît, au fond de la scène, sur la mer rassérénée et calmée, après un ouragan formidable.

Il se présente de flanc, et sur ses bastingages on aperçoit, mollement étendus, de gracieux corps de femmes qui lui servent de couronnes et de guirlandes. Peu à peu il vire de bord et montre son beauprè. On connaît les galeries vénitiennes, à l'avant desquelles était sculptée, à l'ordinaire, une femme belle et nue. L'aspect est le même. Mais, cette fois, la femme est bien vivante. Un voile de gaze la couvre. D'autres sont près d'elle. Il y en a aussi dans les vergues. Le jour. Le navire arrive jusqu'au rivage : Ferdinand et Miranda sont doucement enlevés et emportés dans le bateau qui les ramène à Naples. Miranda pourra de nouveau, se conformant au proverbe, voir Naples et mourir, *Veder Napoli e mori*.

Ce dernier mot, n'était la crainte de faire un horrible calembour, serait une bonne transition pour parler de l'interprète du rôle de Miranda, Mlle Mauri. Quels éloges n'a-t-on point fait de la diva chorégraphique de l'Opéra? D'aucuns ont dit sa physionomie éveillée et spirituelle, l'éclat de ses yeux pétillants de malice, d'autres ont chanté la netteté de ses pointes, de ses jetés et de ses battus. Elle danse si naturellement que notre maître Sarcey disait un jour : A la voir danser aussi facilement, on croit être capable d'en faire autant.

C'est une fille de l'Espagne. Elle est née aux Baléares en 1856, d'un père danseur et acteur : elle dansait de la balle. A dix ans, elle dansait sur le théâtre de Majorque. Elle vint à Paris prendre les leçons de l'excellente Mme Dominique. 1870 arriva. Elle partit pour l'Italie. A Rome elle fut remarquée par Victor-Emmanuel. Elle ne le remarqua point et vint à Milan, où MM. Gounod, Mérante et Halanzier, l'ayant vue, l'engagèrent pour la fête païenne de *Polyeucte*. Ce fut son début à Paris. Un de ses succès, ce fut le ballet du *Cid*; son triomphe, c'est la *Korrigane*. La *Tempête* ajoute un nouveau fleuron à la couronne de cette diva que Paris a adoptée et qui aime Paris, comme elle le disait un jour, avec l'accent qui a tant de charme dans sa bouche : « Zè zouis née en Espagne, c'é vrai, mais zè zouis aussi bonne Frantchèse... Zè zouis une élève de Mme Dominique. »

PETIT COURRIER

UNE SOIRÉE A L'ESPLANADE DES INVALIDES

C'est charmant. Toute la foule du jour est partie, la cohue terminée. On va et vient, presque seul, d'un pays à l'autre, du souk tunisien au Kampong javanais. L'impression est délicieuse. Par ces soirs clairs, la lumière électrique découpe les feuillages des arbres, donne au paysage un aspect lunaire. Sur le seuil de leurs portes ou de leurs tentes, les Kabyles se tiennent drapés, immobiles, sculpturaux, regardant jouer leurs petits qui se roulent dans le sable. Une musique arrive, éperdue et qui vous prend aux entrailles, une musique endiablée qui bat la charge du plaisir. Ce sont les Aïssaouas qui, dans un café algérien, tournent, hurlent, se piquent les joues, avalent du verre, mangent des feuilles de cactus, croquent des scorpions, se font sortir les yeux de l'orbite ..

Spectacle féroce et attirant. J'entre. Je ne vois là qu'un public très *select*, presque celui d'un mardi de la Comédie-Française. Les Aïssaouas sont à la mode. Ils ont l'air de bêtes affolées lorsque leurs contorsions, accélérées par les sons de tambours qui ressemblent à des vans de vanneurs, les jettent énervés, insensibles, sur le plancher. L'un de ces Aïssaouas, Ben Youssef, prend deux serpents vivants, vipères venues du Jardin des Plantes, dit le *speaker*, coiffé d'un fez, qui annonce les exercices, et il en cravate son cou. Il se fourre ces serpents dans la bouche. Il leur tend le bras pour s'en faire piquer et, tout d'un coup, crac! il coupe la tête du serpent avec ses dents et la mange...

— C'est un *crac*, disait derrière moi une jolie femme, très sceptique.

Lorsqu'un autre Aïssaoua avalait le scorpion :

— Ich! faisait la même personne, la belle affaire! C'est une crevette!

Et les petites Javanaises! Le soir elles ont quitté leur casque d'or et se coiffent de fleurs

THÉATRE DE L'OPÉRA. — *LA TEMPÊTE*, ballet fantastique de MM. Jules Barbier et J. Hansen ; musique de M. Ambroise Thomas. — VIe tableau : *Le Vaisseau.*

fraîches, roses et lis, comme les Tahitiennes de roman.

Un spectacle amusant, c'est leur départ, lorsqu'elles regagnent leur case de bambous, comme des petits chats leur niche. Elles trottent de leurs pieds nus sur le sable fin. On les suit. Elles se retournent, rient, tendent aux dames leurs menottes, et distribuent des *shake-hands* avec des sourires :

— Bonsoir, madame !

Puis elles arrivent à l'entrée de leur case, s'y glissent par la porte entr'ouverte, et crac ! les voilà fermées comme dans une boîte. On n'entend dans la cage close que les derniers pépiements de ces bizarres oiselets d'Asie...

Mais dans la nuit, là-bas, sous les palmiers, un cri de clairon retentit... C'est la retraite jouée par quelque trompette de chasseurs d'Afrique ou de spahis, la retraite qui videra l'Esplanade en quelques minutes et qui s'enfonce, au loin, comme un adieu...

Alors, partout des ombres glissent sous les arbres, apparaissent dans la lumière électrique et disparaissent, Tunisiens fermant leurs bazars, danseuses d'Algérie, enveloppées dans leurs burnous, Tonkinois regagnant leur village, *pousse-pousse* remisant leurs voitures, comédiens annamites débarrassés de leur maquillage de chat-tigres... Tout le monde regagne ses abris, ses couchettes... Les murs crus des fortins de Médine ou les murs du palais tunisien se découpent dans la nuit, comme des visions blanches... Et l'on emporte de cette promenade d'une heure une impression saisissante, tout étonné qu'on est de se retrouver à quelques pas, sur un quai de Paris, avec des fiacres et des passants, et surpris d'entendre, au lieu de quelque gong javanais ou de quelque appel du muezzin, un crieur vous jeter dans l'oreille :

Le *Soir* ! Demandez le *Soir* ! Deuxième édition ! L'incendie de la rue Beaubourg et le résultat du procès d'Angoulême !

CHOSES ET AUTRES

Un maître d'hôtel demandait dernièrement à un grand financier, aujourd'hui un peu à la cote, de lui payer plusieurs mois qu'il lui devait :

— Je n'ai pas d'argent pour le moment, répliqua celui-ci, mais soyez sans inquiétude, vos gages courent toujours.

— C'est vrai, monsieur, dit le maître d'hôtel, par malheur ils courent si fort que je ne saurais les rattraper !

.'.

Toto a pris un journal, qu'il lit à sa petite sœur : « Impôt sur les blés durs. »

— Qu'est-ce que c'est, les blés durs ? demande la petite fille.

— Dame ! répond Toto, ce doit être les blés qui servent à faire le pain rassis !...

.'.

Un flâneur rencontre un journaliste :

— Quel air grave et profond ! Vous sondez sans doute un gros problème social ?

— Non, je creuse tout bonnement une bonne nouvelle à la main.

— Je croyais que les meilleures nouvelles à la main se faisaient au pied levé !...

RÉBUS

Explication du dernier rébus.

Les peintres d'effets de neige ont été servis largement à souhait pendant le dernier hiver.

14 Juillet 1889.   *Le Gérant* : HENRI HOUSSAYE

Paris. — Imp. Alcan-Lévy, 24, rue Chauchat.

Paraît
pour les abonnés directs du journal.   10 Centimes le Numéro   Paraît
toutes les semaines.

Le Petit Colon

ALGÉRIEN

SUPPLÉMENT ILLUSTRÉ

ABONNEMENTS AU PETIT COLON ALGÉRIEN
Algérie : 3 mois : 4 fr. 50; 6 mois : 9 fr.; 1 an : 18 fr.
France : 3 mois : 6 fr. » ; 6 mois : 12 fr.; 1 an ; 24 fr.
FRAIS DE RECOUVREMENT EN PLUS
Les abonnements sont payables d'avance et partent
du 1er et du 15 de chaque mois.

ON S'ABONNE
Aux Bureaux du PETIT COLON
à Alger, Rampe Magenta, 16.

Le PETIT COLON paraît tous les jours.

NOS GRAVURES

A l'Exposition universelle

Parmi les personnages qui, quotidiennement, viennent à Paris visiter l'Exposition, nous ne pouvions omettre de citer un roi Sénégalais, le roi des Halous, Dinah Salifou, avec une de ses femmes, répondant au nom pastoral de Philis. Le pouvoir de ce monarque, qui règne sur cinquante ou soixante mille sujets, est despotique. C'est d'ailleurs un lettré, pas trop cruel, paraît-il, relativement au moins. Nous donnons son portrait ainsi que celui de sa femme et de plusieurs personnages de sa suite. Il est coiffé d'une haute calotte en velours noir, ornée de galons d'or, autour de laquelle s'enroule un turban de soie blanche, et drapé dans les plis d'un vaste manteau noir, attaché par deux agrafes d'argent. La reine, coiffée d'un madras bleu et rouge, porte une ample jupe d'indienne imprimée.

Le pavillon de la Bolivie. — Notre second dessin relatif à l'Exposition représente le pavillon de la Bolivie. Il est situé à droite de la tour Eiffel, en venant du Trocadéro, et fait partie de cette réunion de constructions qu'on appelle le « Pays du Soleil », où sont groupées toutes les républiques de l'Amérique du Sud, ainsi que le Brésil.

La destruction des criquets

On sait que cette année encore, comme les précédentes, l'Algérie a eu à subir l'invasion des sauterelles. Une Commission y avait été envoyée l'année dernière pour aviser aux moyens de combattre le fléau, et, les études faites, c'est aux populations de Chypre que cette Commission emprunta les appareils employés dans cette île pour combattre ce redoutable insecte. Ces appareils sont très simples. Ils se composent de simples bandes de toile tendues sur des piquets pour barrer la route aux colonnes des envahisseurs en marche ; en avant de ces enceintes, sont creusés des fossés où les insectes retombent pêle-mêle dans leurs vains efforts pour franchir la barrière. Pour rendre ce résultat assuré, on a soin de doubler l'extrémité supérieure de la bande de toile, celle qui fait face aux criquets, d'une bordure de toile cirée sur laquelle le criquet ne pouvant marcher, glisse et roule dans le fossé, où il est écrasé en masse. Grâce à ces appareils, l'Algérie a pu se défendre cette année contre son grand ennemi, et, pour peu qu'on y tienne la main, on verra bientôt le nombre des criquets en Algérie diminuer au point d'écarter pour longtemps la possibilité de désastres pareils à ceux que nous avons vus se produire ces dernières années.

Les courses de taureaux

Parmi les industries exotiques qui, à la suite de l'Exposition Universelle, sont venues s'implanter à Paris, il va falloir noter à part l'industrie des courses de taureaux. On ne compte pas en ce moment moins de trois ou quatre arènes de ce genre.

Jusqu'ici, tant qu'il ne s'est agi que d'exhibitions relativement bénignes, de courses dans lesquelles le plus grave accident à redouter était tout au plus, au moment de la retraite, un coup de corne appliqué au *torero* sur la partie la moins noble de son individu, le public a fait lui-même justice, par son indifférence du côté ridi-

A L'EXPOSITION UNIVERSELLE. — Le roi africain Dinah Salifou, la reine et les personnages de leur suite.

L'EXPOSITION UNIVERSELLE. — Le pavillon de la Bolivie.

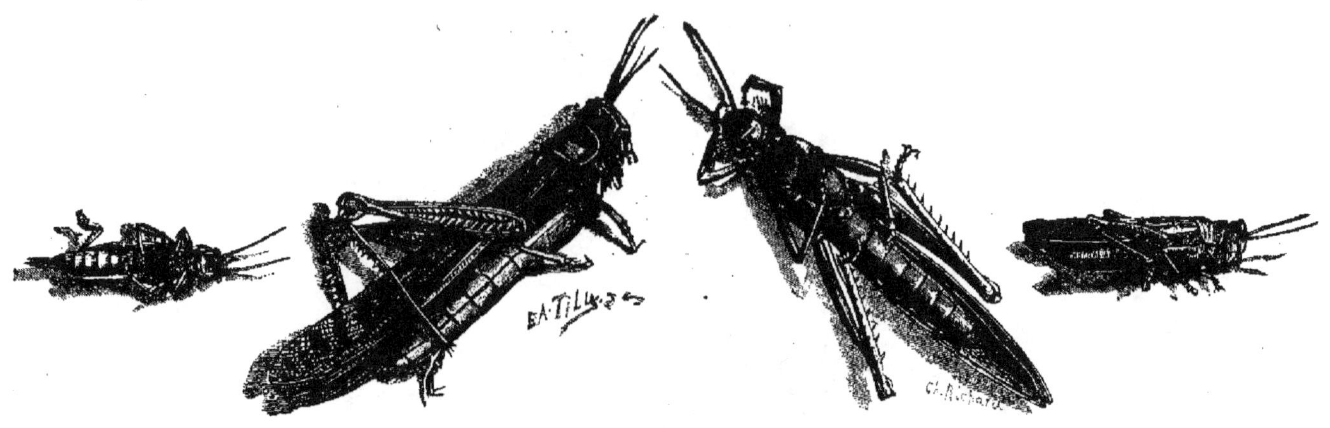

LES SAUTERELLES EN ALGÉRIE

Sauterelle ailée de 1888   Sauterelles ailées de 1887   Sauterelle ailée de 1888

Coques ovigères pondues en 1888
par les sauterelles ci-dessus.

Criquets éclos en 1889
âgés de 3 jours.

Œufs dépourvus de leurs coques

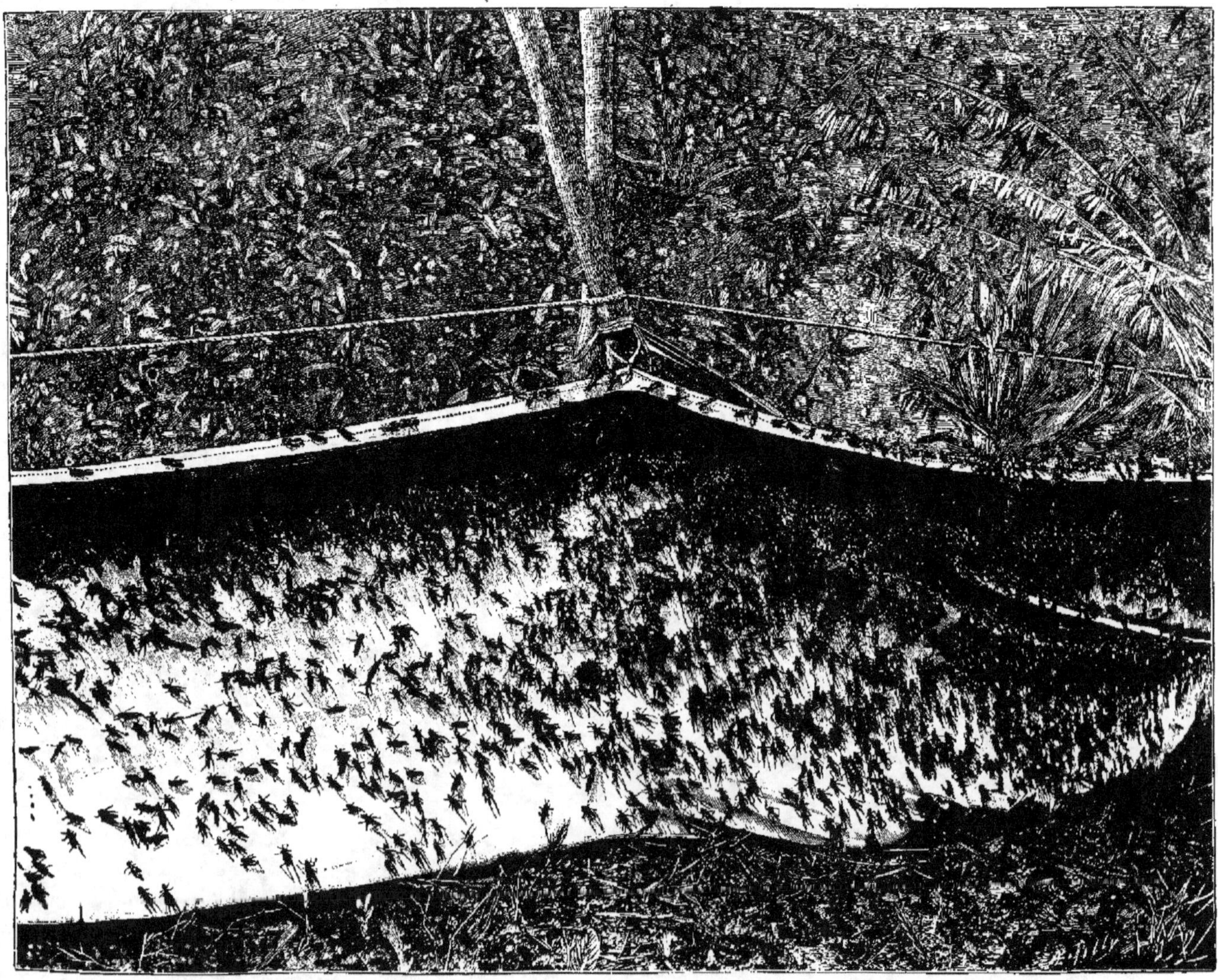

Appareil formé d'une bande de toile destiné à arrêter l'invasion des criquets.

rule de ces spectacles. Le bon sens parisien en effet a rapidement marqué son peu de sympathie pour ces entreprises d'un goût douteux.

Mais, comme pour combler la mesure, il vient de s'installer près de l'avenue du Bois de Boulogne de nouvelles arènes, où l'on compte donner non pas des courses de taureaux corrigées et restreintes comme dans le Midi, mais de véritables spectacles à l'espagnole avec toute leur cruauté !!

On immolerait un taureau devant la foule comme au delà des Pyrénées. Il est inutile de s'appesantir sur ce que cette tentative barbare a d'insultant pour notre état de civilisation. Un taureau a déjà été tué ces jours-ci... dans l'arène à côté, mais c'est par erreur, paraît-il.

Les entrepreneurs exotiques qui ont eu cette idée bizarre ont sans doute oublié que non seulement par ses scènes lyriques et son théâtre comique, mais même par ses théâtres de genre, Paris tient à bon droit la tête du monde. que là même réside un des principaux éléments d'attraction qui amènent les étrangers chez nous.

Et ils ne se sont pas dit dans leur naïveté audacieuse, qu'un peuple qui a l'éducation théâtrale du nôtre était d'avance destiné à se montrer rebelle aux exhibitions sauvages qu'ils veulent importer.

Il est à espérer que le vide se fera autour des arènes sanglantes de la rue Pergolèse. Les impresarios étrangers qui ont pu supposer qu'ils trouveraient chez la population parisienne les mêmes goûts barbares que chez leurs compatriotes, en seront pour leurs frais.

Nous reviendrons sur cet essai d'exhibitions cruelles dont l'annonce a déjà révolté le sentiment public.

CHOSES ET AUTRES

Mme X... — une veuve remariée — ne cesse de répandre des larmes :

— Je souffre bien avec mon second mari... Et dire que c'est la faute du premier!

— Comment donc ?

— Dame ! si cet imbécile n'était pas mort, je n'aurais pas fait la bêtise de me remarier !

.•.

Entre jeunes filles :

— Moi, j'épouserai un brun.

— Moi, un blond.

— Moi, un châtain.

— Moi, dit une jeune fille pauvre, j'épouserai...

— Toi, lui répond aussitôt sa mère, tu choisirais dans les gris.

.•.

Réflexion d'un bohème :

— Je n'aime plus l'argent, depuis que j'ai découvert qu'il ne me servait qu'à payer.

.•.

Un marchand de vin à son fils qui lui succède :

— Et n'oublie pas mon fils. qu'on peut faire du vin avec tout... même avec du raisin !

.•.

A la leçon :

— Et maintenant, pourriez-vous me dire, monsieur Bob, quel est l'animal qui nous fournit le jambon?

Bob, après avoir réfléchi un instant :

— Le charcutier,

Gratuit
pour les abonnés directs du journal.

10 Centimes le Numéro

Paraît
toutes les semaines.

Le Petit Colon

ALGÉRIEN

SUPPLÉMENT ILLUSTRÉ

ABONNEMENTS AU PETIT COLON ALGÉRIEN
Algérie : 3 mois : 4 fr. 50; 6 mois : 9 fr.; 1 an : 18 fr.
France : 3 mois : 6 fr. »; 6 mois : 12 fr.; 1 an : 24 fr.
FRAIS DE RECOUVREMENT EN PLUS
Les abonnements sont payables d'avance et partent
du 1er et du 15 de chaque mois.

ON S'ABONNE
Aux Bureaux du PETIT COLON
à Alger, Rampe Magenta, 16.
Le PETIT COLON paraît tous les jours.

Les manœuvres de Villeneuve-Saint-Georges.

Illustrations de MM. Bombled, Ch. Morel et Carrey.

Jeudi matin, 3o octobre, huit heures. Il fait un temps sombre et gris; un épais brouillard enveloppe la campagne et tombe en bruine glacée.

Dans les rues de Villeneuve-Saint-Georges se massent les troupes du général Lebrun, qui doivent effectuer le passage de la Seine.

Sur la berge du fleuve, en contre-bas de la gare, sont déjà rassemblés les pontonniers du capitaine Scheffer, sous la direction du commandant Waldeck, du 2e régiment d'artillerie-pontonniers.

Les bateaux, qui ont été mis à l'eau la veille au soir, sont amarrés contre la rive; sur le quai sont entassés les poutrelles, les madriers et les paquets de cordages.

Huit heures et demie. Deux compagnies du bataillon du 1er d'infanterie de marine et une compagnie de sapeurs du génie s'embarquent dans les bateaux, qui sont conduits chacun par quatre rameurs : deux à l'avant, deux à l'arrière. Le passage de la Seine s'effectue en un clin d'œil : les trois compagnies sautent sur la rive gauche, se déploient rapidement en tirailleurs et engagent aussitôt le feu avec les avant-gardes ennemies, qui sont descendues des hauteurs d'Ablon et de Villeneuve-le-Roi. Quelques dragons, le casque recouvert du manchon

LE GÉNÉRAL SAUSSIER ASSISTANT A LA CONSTRUCTION DU PONT DE BATEAUX.

Les généraux Ladvocat, Barbe, Lebrun, assistent à ce travail, ainsi que le colonel Lippmann du 2e pontonniers, le colonel Trône et le lieutenant-colonel Clément du 13e d'artillerie, le commandant Fouatte, les capitaines Deville et Protche, etc.

Neuf heures et demie. Le bataillon de l'École de gymnastique de Joinville-le-Pont, sous les ordres du commandant Castex, qui est chargé de protéger la gauche des troupes qui doivent opérer le passage de la Seine, arrive au bord de la petite rivière de l'Yerres; afin de traverser le cours d'eau on a fait usage d'un radeau des plus ingénieux, imaginé par le commandant de l'éco'e. Cinq sacs de distribution sont remplis chacun de soixante-dix bidons de troupe, hermétiquement bouchés. Ces cinq sacs sont reliés entre eux et forment un radeau sur lequel sont placées deux planches en croix sur lesquelles une couverture a été jetée. Une corde a été fixée à l'avant et à l'arrière de façon à former un va-et-vient.

Un officier, qui est supposé avoir passé l'Yerres à la nage, se tient sur la rive opposée, une extrémité de la corde à la main.

Les hommes du bataillon descendent un à un la berge escarpée. Deux officiers s'embarquent les premiers et s'agenouillent sur les planches du radeau.

« Partez ! » commande l'un d'eux. En moins d'une seconde, la rivière est traversée. Le radeau est ramené à vide au moyen de la corde, et

blanc, s'approchent en se glissant le long des arbres et se retirent aussitôt.

Neuf heures. Les pontonniers sont rangés sur deux files le long du fleuve, en tenue de travail.

« Garde à vous ! A vos postes ! » commande le capitaine Scheffer; puis il ajoute : « Par bateaux successifs, construisez le pont ! »

La culée du pont est rapidement pratiquée dans la berge : un premier bateau est amené et amarré à cinq mètres de la rive; ses ancres sont mouillées. Les pontonniers jettent aussitôt dessus cinq poutrelles qu'ils recouvrent de madriers, pour former le tablier du pont. Un second bateau est amarré ensuite à cinq mètres du premier, le même travail s'opère; la construction du pont avance avec une rapidité surprenante.

le passage continue, à raison de deux hommes par chaque voyage.

A ce moment, le fort de Villeneuve-Saint-Georges se met de la partie et tire sur les rassemblements qu'il aperçoit au loin.

Dix heures. Les clairons sonnent aux champs. Le général Saussier arrive par le train de neuf heures cinquante-huit. Le gouverneur de Paris, plus dispos et plus actif que jamais, s'approche du pont qui est presque achevé, le traverse rapidement et assiste à la pose des deux derniers bateaux. Sa dernière maladie l'a considérablement maigri. Les deux mains enfoncées dans les poches de son dolman, il se tient à l'extrémité d'un bateau, encourageant de la voix les pontonniers qui se hâtent, les poutrelles et madriers chargés sur les épaules.

Construction du pont.

Le pont a été construit en moins d'une heure, il se compose de vingt et un bateaux et mesure une longueur de cent trente mètres.

Une rampe est rapidement pratiquée sur la rive gauche ; du sable est jeté sur le tablier, puis les pontonniers se placent, à raison de quatre hommes dans chaque bateau, prêts à réparer toute avarie.

Passage des batteries du 12ᵉ régiment d'artillerie.

Le passage commence : l'infanterie d'abord avec ses voitures ; infanterie de marine, 29ᵉ bataillon de chasseurs à pied, 155ᵉ de ligne ; les hommes défilent par quatre en rompant le pas, afin de ne pas imprimer d'oscillation au tablier ;

Attaque des hauteurs d'Ablon et de Villeneuve-le-Roi par les troupes du général Barbe.

puis les dragons du 27ᵉ, tenant leurs chevaux par la bride, la carabine à répétition à chargeur en bandoulière, la nouvelle lance en bambou sur l'épaule ; enfin, six batteries du 12ᵉ d'artillerie, sous les ordres du lieutenant-

Débarquement de l'infanterie de marine.

colonel Peigné et des commandants Jourdy et Péchot. Les conducteurs des deux premiers attelages de chaque voiture ont mis pied à terre : seul le conducteur du dernier attelage est resté en selle.

Le passage opéré, les troupes d'infanterie se forment sur trois colonnes, à droite et à gauche de la route de Villeneuve-Saint-Georges à Villeneuve-le-Roi, et vont se masser derrière le talus du chemin de fer d'Orléans. Plusieurs compagnies se portent en avant et s'abritent derrière de larges meules de paille. Trois batteries se déploient en ligne à droite de la route et commencent le feu.

Le général Saussier, suivi de son état-major, galope à travers champs, le long de la ligne de bataille.

Démontage du pont. — Les planches formant le tablier du pont mises dans les chariots.

Onze heures et demie. Les troupes prennent l'offensive et gravissent rapidement les pentes d'Ablon ; on entend sonner la charge et les hourras des soldats.

La fusillade redouble, mais de fumée pas la moindre trace.

Il est midi, le canon se fait entendre à la ferme de la Belle-Épine. C'est la fin de la manœuvre.

Démontage du pont. — Bateau retiré de l'eau par les pontonniers et halé sur haquet.

Le général Saussier revient à Villeneuve-Saint-Georges et donne l'ordre de replier le pont. Cette opération est faite en moins de trois minutes.

Les deux derniers bateaux de la rive gauche sont détachés, ainsi que la culée de la rive droite. Sous l'impulsion du courant, le reste du pont formé de dix-neuf bateaux pivote sur son centre : « A la rive, ramez ! » commande à ce moment le capitaine Scheffer, et l'énorme masse vient accoster contre la rive.

A deux heures et demie, les pontonniers commencent le démontage du pont. En moins d'une heure, poutrelles et madriers sont chargés sur les chariots. Restent les vingt et un bateaux à charger sur les haquets, véritables araignées. Cette opération est menée aussi rapidement que les autres.

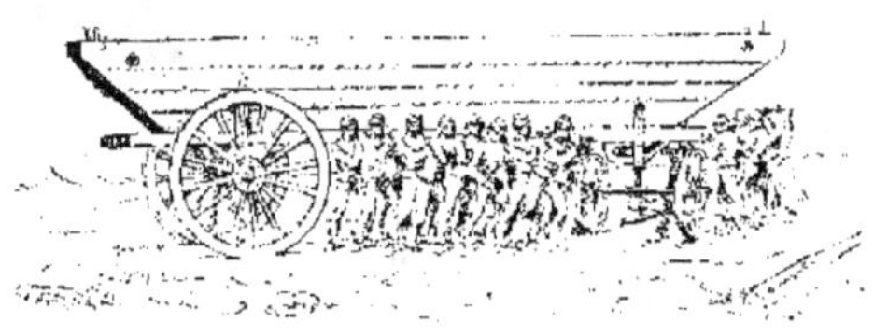

Haquet chargé de son bateau, redressé et remis sur son avant-train.

L'avant-train de chaque haquet est retiré, et les poutrelles de l'arrière-train, s'abaissant à terre, forment un plan incliné sur lequel chaque bateau est halé avec des cordes par vingt-cinq pontonniers, retiré de l'eau et chargé sur le haquet.

Les hommes redressent ensuite l'arrière-train et amènent l'avant-train, qui est fixé sous le plancher.

Cinq heures du soir. Les troupes sont en marche pour regagner leurs casernements. Les hommes, bien que harassés de fatigue et crottés de la tête au pied, sont enchantés de cette opération, qui a rompu avec la monotonie de leur existence journalière.

La critique des manœuvres dans une ferme.

Le mariage
de Mᶦˡᵉ de Mohrenheim.

Nous ne pouvons pas-
ser sous silence un évé-
nement mondain et quasi
politique, qui a particu-
lièrement occupé les Pa-
risiens; nous notons donc
au passage, par un petit
croquis, dû à M. Charles
Morel, le mariage de
Mᶦˡᵉ de Mohrenheim, fille
de l'ambassadeur de
Russie à Paris, avec le

Devant l'église Sainte-Clotilde, le 28 octobre.

La Cour des comptes.

Après vingt ans d'attente, une décision
définitive va faire disparaître les ruines
du quai d'Orsay au bénéfice d'un syndi-
cat probable d'entrepreneurs et de propriétaires. Ces pittoresques décombres
ne seront pas regrettées; pourtant, à
certaines heures, avec leur forêt de
broussailles et d'arbustes, leur légion de
corbeaux stationnant sur les pans de
murs démantelés, ces ruines avaient je
ne sais quelle allure d'un colossal Heidelberg; mais un Heidelberg en plein
Paris manque de charme, et puis, ce
palais était sans histoire et ne donnait
lieu à aucune légende—faute grave pour
une ruine.

C'est en 1804 qu'on en commença les
travaux pour y installer le ministre
des affaires étrangères. Les travaux traî-
nèrent jusqu'en 1810 et furent arrêtés
par les guerres des dernières années du
premier Empire. On s'y remit vers 1820,
sans être bien fixé sur la destination
qu'on donnerait à l'édifice, et Charles X
l'affecta momentanément, non encore
terminé, à l'Exposition des produits
de l'industrie française, qui s'ouvrit le
1ᵉʳ août 1827. Ensuite, l'architecte La-
cornée, en même temps qu'il construisait
un peu plus loin le nouvel hôtel du ministre des affaires étrangères, fut chargé
de le finir. Après 1830, il fut question
d'y mettre les deux ministères des travaux publics et de l'intérieur, ou bien
l'École des mines, ou encore, celle des
ponts et chaussées. En 1842, on se déter-
mina pour la Cour des comptes et le
Conseil d'État.

Le reste de l'histoire, on le connaît.
Le monument de l'ancienne Cour des
comptes va disparaître.

Espérons, toutefois, qu'on s'efforcera
de conserver ce qui peut encore être
sauvé des fresques de Chassériau : la
Méditation, *l'Étude*, le *Commerce rapproche les peuples*, la *Paix, protectrice
des arts et des travaux de la terre*... Ces
peintures ont été, il est vrai, fortement
avariées, mais il en subsiste encore,
dit-on, une partie assez considérable
et assez intéressante pour qu'on s'efforce
au moins de la conserver.

Les ruines du grand vestibule. (D'après photographie.)

vicomte de Sèze, l'un des plus brillants officiers de notre armée.

Plus de dix mille personnes faisant la haie, de l'hôtel de l'ambassade, rue de Grenelle, à l'église Sainte-Clotilde, ont vu défiler le long
cortège et le beau carrosse de la mariée, que nous reproduisons.
Nous n'entrerons pas dans les détails, mais nous tenons à enregistrer
les quelques réflexions patriotiques que fait notre ami *Parisis* dans son
compte rendu du *Figaro*:

« Voilà un mariage dont tous les bons Français ont lieu de se réjouir.
Je n'irai pas jusqu'à dire, comme certains optimistes de trop de foi,
que « l'alliance » est faite. La politique n'a rien à voir avec le senti-

ment. Mais enfin, il ne faut pas oublier non plus que, par le fait de ce
mariage, une Russe de grande maison
est devenue Française; que l'Empereur
et l'Impératrice de Russie y ont donné
leur agrément; et que, quoi qu'il doive
advenir, il y aura désormais, dans la
famille de Mohrenheim, un petit coin de
France. C'est là, tout au moins, un indé-
niable et très précieux témoignage de
sympathie, qui, à défaut d'autre pacte,
rapproche encore davantage les cœurs
d'ici des cœurs de là-bas. Et le mariage
d'une demoiselle d'honneur de la Tsarine
avec un officier français n'aurait-il que
cette signification, que le jour où il s'ac-
complit est pour nous une date heureuse. »

CONSEILS UTILES

Serrage des pièces céramiques re-
collées (cristaux, porcelaines,
faïences, etc.)

Bien des personnes — peu familiari-
sées avec ce genre d'opérations — sont
dans l'embarras, lorsque, ayant recollé
des morceaux cassés de pièces céra-
miques, il s'agit d'assujettir, de fixer les
soudures, jusqu'à ce que celles-ci se
soient solidifiées et se trouvent ainsi
rendues définitives.

Pour certains objets en particulier, —
très délicats ou fragiles, — on comprend
que le serrage nécessaire ne puisse s'effectuer sans quelque difficulté.

Cette difficulté disparaît aisément si,
aussitôt après avoir rejoint les parties
collées, on les fixe, de distance en distance, au moyen de petites bandes de
papier fort ou de parchemin, immo-
bilisées par des empreintes de cire à
cacheter, apposées au plus près possible
des soudures.

Quand on a lieu de penser que ces
dernières ont acquis toute leur solidité,
on fait sauter la cire avec une pointe
de canif. — Il n'en reste point trace.

Mise en couleur rouge de carrelages
ou planchers

Eau	12 litres
Colle de Flandre (colle-forte)	500 gr.
Brun rouge ou minium, —pulvérisé finement	1,500 —

La colle ayant trempé dans l'eau pendant plusieurs heures, faites-la fondre sur un feu modéré.

La dissolution claire, retirez-la du feu et versez-y la matière colorante, en ayant soin d'agiter pour bien assurer le mélange.

Cette composition, refroidie, s'étend sur le plancher ou le carrelage à l'aide d'un fort pinceau ; on l'unit, quand elle est sèche, avec un balai dur ; après quoi l'on applique la cire et l'on brosse pour produire le brillant.

Graissages inodores des chaussures de chasse

Ces chaussures ont toujours besoin d'être entretenues dans un état de souplesse convenable. Le résultat voulu est obtenu par des graissages périodiques. Les huiles de pied de bœuf et de poisson y sont le plus généralement employées ; parfois, des graisses préparées, du suif, etc.

Tous ces moyens sont bons. Sans inconvénients ? — Aucun chasseur n'oserait l'affirmer.

Peu engageantes les odeurs que contractent les cuirs ; cela suffit à faire demander autre chose.

La glycérine, il est vrai, offre l'avantage d'être parfaitement inodore ; par contre, sa facile solubilité ne lui permet qu'une action passagère : elle ne résiste pas à la moindre impression d'humidité.

La graisse minérale désignée dans le commerce sous le nom de « vaseline » mérite à tous égards la préférence : au privilège — qu'elle doit à son absolue neutralité — d'être incorruptible et de ne pouvoir, dès lors, dégager par elle-même aucune odeur, elle joint celui de pénétrer le cuir mieux que tout autre corps gras, et de lui communiquer une imperméabilité complète.

16 Novembre 1890. *Le gérant :* L. LATASTE, 3.

Administration : A. BAER, 22, Rue Montpensier.

PARIS. — IMP. P. MOUILLOT, 13-15, QUAI VOLTAIRE.

RÉBUS

SOLUTION DU DERNIER RÉBUS

C'est à Franklin, l'inventeur du paratonnerre, que l'on doit l'invention en 1790 (il y a juste cent ans) du chapeau haut de forme, dit tuyau de poêle.

Cette a Franklin, l'inventeur du paratonnerre — KE — long doigt — lin — Venre - YON — en dix-sept 190, il y a juste sептant DU — Chapeau, O de FORME — dix tuyaux de poêle.

LITS ET FAUTEUILS MÉCANIQUES

POUR MALADES ET BLESSÉS

DUPONT, Rue Hautefeuille, 10 *(près l'École de Médecine)*

Les plus hautes Récompenses à toutes les Expositions

PORTOIRS ARTICULÉS
de tous Systèmes

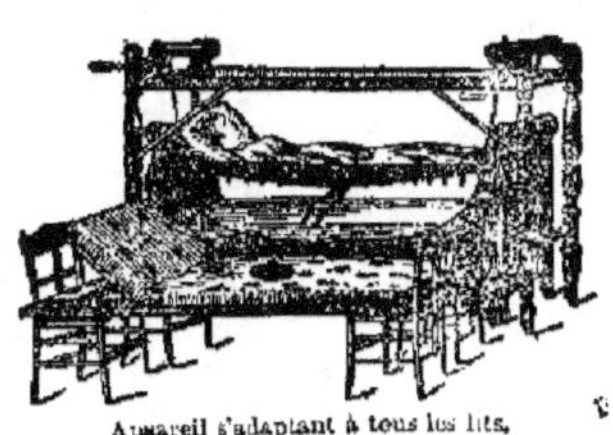

Appareil s'adaptant à tous les lits.

FAUTEUIL ROULANT
pour Jardins.

SUR DEMANDE ENVOI FRANCO DU CATALOGUE ILLUSTRÉ AVEC PRIX

PALAIS DE L'INDUSTRIE

Exposition internationale

DES SCIENCES ET DES ARTS INDUSTRIELS

PARIS 1890

CATALOGUE OFFICIEL

Dans ce catalogue très complet on trouvera la liste des membres du Comité d'honneur et de patronage. — Liste des Comités d'admission des sections nationales et étrangères. — Exposition des colonies françaises. — Description des tapisseries du mobilier national, etc., etc. Enfin les noms et adresses soigneusement vérifiés de plus de *deux mille* exposants ; cette liste sera un guide précieux pour les négociants qui ont l'habitude d'expédier des circulaires et catalogues.

PRIX : 1 franc.

Envoi franco contre 1 fr. 30, mandat ou timbres, adressés à

M. A. BAER, éditeur du catalogue

22, rue Montpensier, Paris

Gratuit
pour les abonnés directs du journal.

10 Centimes le Numéro

Paraît
toutes les semaines.

Le Petit Colon

ALGÉRIEN
SUPPLÉMENT ILLUSTRÉ

ABONNEMENTS AU PETIT COLON ALGÉRIEN
Algérie : 3 mois : 4 fr. 50; 6 mois : 9 fr.; 1 an : 18 fr.
France : 3 mois : 6 fr. » ; 6 mois : 12 fr.; 1 an ; 24 fr.
FRAIS DE RECOUVREMENT EN PLUS
Les abonnements sont payables d'avance et partent
du 1er du 15 de chaque mois.

ON S'ABONNE
Aux Bureaux du PETIT COLON
à Alger, Rampe Magenta, 16.

Le PETIT COLON paraît tous les jours.

NOS HÔTES. — LE PRINCE ROYAL ET LA PRINCESSE ROYALE DE DANEMARK.

Le prince royal et la princesse royale de Danemark.

Le prince royal et la princesse de Danemark sont arrivés à Paris le 3 novembre. Le royal couple voyage sous le nom de comte et comtesse de Kronborg. Les illustres voyageurs ont été reçus à la gare par les membres de la légation danoise et par le comte Ahtefeld Laurvig, chargé d'affaires. Ils sont descendus à l'hôtel Brighton. Le prince et la princesse, qui sont nos hôtes pour quelques jours, se rendront ensuite à Berlin où ils doivent assister au mariage de la princesse Victoria de Prusse avec le prince Adolphe de Schaumbourg-Lippe.

Leurs Altesses royales ont fait visite au président de la République dans la journée du 7.

Elles sont arrivées à deux heures et demie à l'Élysée, accompagnées du comte de Moltke et de la comtesse de Scheel.

Le détachement de l'Élysée a rendu les honneurs, et les visiteurs royaux ont été reçus devant le perron par le général Brugère et tous les officiers de la Présidence.

Leurs Altesses Royales sont restées une demi-heure avec le président de la République et Mme Carnot. A trois heures et demie, cette visite était rendue par le chef de l'État et Mme Carnot, à l'hôtel Brighton.

Le 13 novembre, le président de la République et Mme Carnot ont donné un dîner en leur honneur.

Parmi les convives, au nombre de trente-six, se trouvaient : le comte de Moltke, chef de la cour du prince, la comtesse Scheel, dame d'honneur, le baron, la baronne et Mlle de Mohrenheim, le comte et la comtesse de Molke-Hvitfed, le comte Ahlefeldt, premier secrétaire de la légation de Danemark à Paris, M. Due, ministre de Suède à Paris, M., Mme et Mlle de Freycinet, M. et Mme Ribot, M. et Mme Barbey, le général et Mme Février, le comte et la comtesse d'Ormesson, le général Saussier, M. Antonin Proust, le général Brugère, etc.

Le président de la République avait à sa droite la princesse de Danemark et à sa gauche la baronne de Mohrenheim. Mme Carnot, qui portait une magnifique robe de velours rubis garnie de zibeline, avait à ses côtés le prince royal et le baron de Mohrenheim.

Le dîner a été servi dans le salon « Murat », situé au rez-de-chaussée. En voici le menu :

Crème d'orange Princesse
Consommé Sévigné
Petites casserolettes Parisiennes
Filet de turbot Dieppoise
Cuissot de chevreuil Saint-Hubert
Poularde Demidoff

Langouste à la Danoise
Sorbets
Faisans truffés sauce Périgueux
Pâté de foie gras de Nancy
Cardons à la moelle
Biscuit glacé Pompadour
Gâteau aux avelines
Champagne Montebello, Grand Crémant 1884

Le dîner, pendant lequel un orchestre dirigé par M. Dauvin s'est fait entendre, a été suivi d'une soirée musicale et artistique.

Mme Landouzy a obtenu un vif succès en chantant divers morceaux, notamment *Si tu veux, mignonne*, de Massenet, *Vieille chanson*, de Bizet, et *Chanson de l'Abeille*, de Massé.

M. Coquelin cadet a dit plusieurs de ses monologues les plus amusants et M. Berr, de la Comédie-Française, s'est fait applaudir en récitant avec beaucoup d'art diverses poésies.

Le prince et la princesse de Danemark voyageant incognito, aucune invitation n'avait été faite pour cette soirée à laquelle ont seules assisté les personnes qui étaient au dîner.

Christian-Frédéric-Guillaume-Charles, prince royal de Danemark, est né le 3 juin 1843. Le 28 juillet 1839, il a épousé Louise-Joséphine-Eugénie, fille de feu le roi de Suède et de Norvège, Charles XV.

LETTRES D'UN SOLDAT

Au Bourget.

A six kilomètres de Saint-Denis, dans la vaste plaine de ce nom, de chaque côté de la route de Flandre, s'étendent, sur une longueur de près d'un kilomètre, les maisons du petit village du Bourget qui a joué un rôle célèbre pendant le siège de Paris par les Allemands.

Tous les ans, ceux qui ont conservé le culte de nos morts glorieux se rendent, le 2 novembre, à ce village, pour rendre un nouvel hommage aux victimes de la journée du 30 octobre 1870.

La Grande-Rue de Flandre.

Cette année, le temps était horrible ce jour-là; de gros nuages gris, chassés par les rafales, roulaient du sud à l'ouest, couvrant de leurs vapeurs glacées la vaste plaine de Saint-Denis et crevant, à chaque instant, en furieuses averses.

A l'entrée du Bourget, où est située la place de la Mairie, vis-à-vis d'un abreuvoir, je reconnais l'endroit par lequel, le 29 octobre 1870, au matin, pénétrèrent les francs-tireurs de la Presse, du commandant Roland.

Cette nuit-là du 28 au 29 octobre, par un temps exécrable, ces braves volontaires, partis à minuit de la Courneuve, rampèrent, pendant près de quatre heures,

Extrémité nord du Bourget et emplacement de la grande barricade de la rue de Flandre.

dans la boue : à quatre heures du matin seulement, ils arrivèrent devant le village, s'emparèrent sans résistance de cinq factionnaires allemands, à moitié endormis et roulés dans leurs couvertures; puis ils se jetèrent en poussant de grands cris dans le Bourget, où ils pénétrèrent par le bas du village, chassant devant

Allée de la rue de Flandre, où fut tué le commandant Ernest Baroche.

eux les deux bataillons de la garde royale prussienne, qui occupaient cette position et qui s'enfuirent jusqu'à Blancmesnil, jonchant la route de cadavres, de fusils, de casques et de sacs.

A partir de la mairie du Bourget, la route de Flandre s'élève en pente douce jusqu'à l'extrémité du village et prend le nom de rue de Flandre.

Église du Bourget et maison (à droite) où se défendit le commandant Brasseur.

Au numéro 22, contre l'un des piliers d'une large porte cochère, dont les battants de fer sont ouverts, est clouée une plaque de marbre avec cette inscription :

ICI A ÉTÉ TUÉ ERNEST BAROCHE
COMMANDANT LE 12° BATAILLON DE LA GARDE NATIONALE
MOBILE DE LA SEINE, LE 30 OCTOBRE 1870

Là, en effet, tomba, criblé de balles, le vaillant commandant du 12° mobiles. Toute la matinée, il s'était

Impasse Firmin-Bourgeois.

tenu au milieu de ses hommes, les encourageant de la voix et de l'exemple, prenant à tout instant un chassepot, et disant aux mobiles : « Ne tirez pas comme cela, voilà comment on tire ! »

Quand les Prussiens entrèrent dans le village, le commandant Baroche visitait les maisons où s'étaient retranchés les débris de son bataillon : vers neuf heures, en voulant traverser l'allée du numéro 22, pour passer d'une habitation dans une autre, il fut pris comme point de mire par les Prussiens qui s'étaient déjà installés dans les jardins et tomba raide mort au milieu de l'allée.

Les balles pleuvaient tellement en cet endroit, qu'on fut obligé de jeter deux morceaux de bois attachés en croix au bout d'une longue corde, et l'extrémité de cet hameçon rudimentaire s'étant engagée dans la capote du

Cour du n° 52 de la rue de Flandre, où fut tué le capitaine Ain, des mobiles de la Seine.

malheureux officier, on put tirer son cadavre jusqu'à la porte d'une maison, où on le déposa dans une pièce.

A gauche, en remontant la rue de Flandre, voici l'église immortalisée par le célèbre tableau de Neuville, et la petite maison aux murailles peintes en rouge sang de bœuf, où le brave commandant Brasseur, des voltigeurs de la garde, s'était réfugié avec quelques hommes et qu'il défendit jusqu'à la dernière extrémité, criant sans cesse à ses voltigeurs : « Tirez toujours! sacrebleu! Tirez toujours! »

A droite, toujours en remontant la rue de Flandre, voici la maison n° 52, où s'était retranchée la 3e compagnie du 12° mobiles.

Dans la petite cour intérieure, au pied de l'escalier en bois qui conduisait au premier étage, tomba frappé à mort le capitaine Ain, chef de cette compagnie.

En face du n° 52, se passa un fait sublime au moment où les régiments François-Joseph et Impératrice Augusta pénétrèrent dans le village. Là, une douzaine de voltigeurs de la garde s'embusquèrent à l'angle de

La rue de Blancmesnil. — La ligne pointillée indique l'emplacement de la barricade des grenadiers de la garde.

la ruelle Firmin-Bourgeois et, attendant résolument l'arrivée de cette brigade d'infanterie, tirèrent feu aussi tranquillement qu'à la cible et tombèrent successivement frappés à mort.

A l'extrémité du Bourget, les soldats français avaient construit deux barricades en pavés; la plus petite, à l'entrée de la rue de Blancmesnil défendait une compagnie de grenadiers de la garde et que prenaient à revers les Prussiens attaquant les murailles du parc où étaient retranchés les mobiles du 12° bataillon.

La plus grande barricade s'élevait en travers de la route de Flandre, un peu au-dessus d'un petit château style gothique, dont les murs sont encore criblés de balles.

Un peu en avant de son emplacement et à gauche de la route, se dresse le monument élevé par souscription à la mémoire des braves combattants tombés le 30 octobre, ainsi que le 21 décembre 1870, et qui contiennent leurs glorieuses dépouilles, et but du patriotique pèlerinage de chaque anniversaire.

NOS GRAVURES

Nos colonies.

(Illustrations de MM. Georges Scott et Moreno.)

LES ÎLES SOUS LE VENT DE TAHITI

Les derniers courriers de l'Océanie nous ont apporté des Iles sous le Vent (de Tahiti) des nouvelles sinon graves, tout au moins pénibles. En juillet dernier, des troubles éclataient dans l'île Huahine, dans l'île Bora-Bora, dans l'île Raiatea : sur ce dernier point, nos troupes ne parvenaient pas à avoir raison des insurgés, qui demeurent maîtres de la vallée d'Avera.

Pour comprendre ces incidents, il est nécessaire de se souvenir des événements qui se sont déroulés dans les Iles sous le Vent, depuis notre arrivée dans l'océan Pacifique oriental en 1842.

Lors de l'établissement de notre protectorat à Tahiti, le célèbre Pritchard, pour ménager à l'Angleterre la possibilité d'un retour en Océanie, persuada à la reine de Tahiti, Pomaré-Vahiné, qu'il était de son intérêt de déclarer que les Iles sous le Vent n'étaient pas soumises à son pouvoir.

Lorsqu'en 1845, le gouverneur des établissements français de l'Océanie, le capitaine de vaisseau Bruat, porta successivement le pavillon du protectorat sur les diverses îles situées à l'ouest de Tahiti, l'Angleterre protesta : elle déclara que les chefs des îles sous le Vent venaient de solliciter son intervention et son protectorat, et elle demanda à la France de respecter et de reconnaître leur indépendance. Le gouvernement français commit une faute en accédant à ce désir : par la convention du 19 juin 1847, qui fut appelée le traité de Jarnac, les deux puissances s'engageaient réciproquement à ne prendre sous leur protection ni Huahine, ni Borabora, ni Raïatea, ni les petites îles adjacentes.

Nous supportons aujourd'hui encore les tristes résultats de cette convention bâtarde. Les Îles sous le Vent devinrent l'asile de tous les flibustiers du Pacifique et le centre d'une contrebande des plus actives, très préjudiciable au commerce de Tahiti.

Dès août 1853, la reine de Huahine écrit à l'amiral Febvrier-Despointes pour lui demander le protectorat de la France : elle voulait selon ses expressions « créer à son gouvernement une protection semblable à celle dont jouissait Tahiti ». Sa prière ne fut pas écoutée.

En 1879, les Allemands songèrent à profiter de nos hésitations ; le croiseur le Bismarck avait été envoyé aux îles sous le Vent avec mission de conclure un traité d'amitié avec les indigènes ; le consul d'Allemagne à Tahiti, M. Godeffroy, était allé à Raïatea pour circonvenir les chefs : il y réussit. En présence de notre refus réitéré de les couvrir de notre pavillon, les habitants des Îles sous le Vent acceptèrent le protectorat allemand : tout fut préparé pour la cérémonie de déclaration solennelle.

Averti à ce moment de ces menées déloyales par la reine de Borabora, le commissaire de la République à Tahiti, M. Chessé, n'hésite pas. Il accorde à Raïatea-Tahaa la protection que cette île avait sollicitée précédemment ; il couvre de la même faveur l'île Huahine, l'île Borabora et l'île Maupiti ; il réquisitionne les navires de guerre français de passage à Papéiti, et il va prendre possession effective de chacune des îles de l'archipel ; les pavillons, les bannières et toutes les décorations préparées pour la réception des commissaires allemands servirent à recevoir le commissaire de la République. En souvenir de ces événements, M. Chessé a conservé une bannière blanche sur laquelle se trouve dessinée, en applique de flanelle rouge, l'aigle aux deux têtes d'un assez joli dessin.

L'Angleterre protesta, puis consentit à un protectorat provisoire ; le pavillon, au yacht français, flotta à Raïatea jusqu'à la convention de 1887, qui abrogea la convention de 1847. L'Allemagne a formellement renoncé à toute prétention dans cette partie de l'Océanie par la convention du 17 décembre 1885.

Mais un certain nombre d'indigènes, travaillés par des meneurs anglais, n'acceptèrent pas le nouvel ordre de choses : dès 1881, une révolution intérieure éclate dans l'île Raïatea ; depuis cette époque, l'histoire de l'archipel se résume en une série de protestations et de troubles plusieurs fois provoqués dans ces dernières années par la maladroite administration du gouverneur actuel, M. Lacascade.

Les Tahitiens adorent les enfants, qui sont leurs seuls tyrans ; ils les consultent en toutes circonstances, pour la vente d'une case, par exemple ; si l'enfant de dix à douze ans n'approuve pas la vente, le père répond : « *Tamari aïta trinaro*, l'enfant ne veut pas) ».

L'administration française entretient une école à Raïatea ; l'enseignement y est donné en langue indigène, il est vrai, mais l'ins-

tituteur apprend le français. Le fort français, qui a été construit vers 1887, pour mettre nos partisans à l'abri des incursions des dissidents, se compose de baraquements entourés de simples palissades ; Terahupo et sa bande n'ont jamais tenté l'attaque de notre fort.

Île Tahaa. — L'île Tahaa n'est séparée de Raïatea que par un canal navigable de deux à trois milles de

TAVANA, ROI DE TAHAA, SA FEMME ET SA FILLE.

largeur. Le sentiment de ses habitants est franchement français ; ce résultat est dû à l'attitude toujours loyale du roi Tavana, qui n'a cessé de défendre en toutes circonstances les intérêts français, alors que Raïatea, Huahine et Borabora faisaient défection ; grâce à Tavana, l'île Tahaa nous restait fidèle ; ce serait un acte de justice autant qu'une sage mesure politique, d'attacher la croix de la Légion d'honneur sur la poitrine de ce courageux et sûr allié.

Île Borabora. — Une des plus gracieuses perles de l'Océanie, ce qui caractérise Borabora, c'est un aspect saisissant de propreté ; la route est balayée si minutieusement qu'on n'y trouverait pas un caillou !

Le peuple de cette petite île aime les exercices militaires et la parade ; l'armée de Borabora est utile dans le Pacifique ; il ne s'agit pas d'une armée permanente, mais d'une milice organisée par voie du service volontaire, se réunissant sur convocation pour les exercices et les fêtes ; les chefs revêtent des costumes variés, où dominent les uniformes de la marine française et de la marine anglaise.

Tout est coquet et riant dans ce charmant petit pays, — écrit le savant M. Raoul dans sa notice sur les établissements de l'Océanie, — dans ce véritable bouquet émergeant du sein des flots, entouré d'une guirlande verte ; l'Européen nomade songe parfois qu'il passerait volontiers d'heureux jours au milieu de cette population douce et sympathique.

La reine de Borabora est Terumaevarua, l'épouse du prince Hinoï, neveu et héritier présomptif du roi Pomaré V. Pour récompenser l'attachement à la France de la reine de Borabora, le gouvernement vient de lui accorder la faveur personnelle d'arborer sur sa demeure l'ancien pavillon de Borabora, qui portera à son angle supérieur les couleurs françaises.

Île Huahine. — Même faveur est accordée à la reine mère de Huahine, la reine Tehaapaapa ; sa fille, Teuhé, que les rebelles avaient placée au pouvoir dans leur récente révolte, vient d'être internée à Tahiti ; le roi Pomaré s'est porté garant de son séjour dans cette colonie.

Si la situation des Îles sous le Vent est critique depuis plusieurs années, la responsabilité en incombe tout entière à notre administration coloniale. On a voulu, bien inconsidérément, agir brutalement envers des indigènes inoffensifs, qu'il fallait nous attacher par de bons procédés. Jamais on ne gouvernera l'Océanie avec des menaces et du plomb.

M. César Franck.

Un grand musicien qui n'était guère connu et admiré que par un nombre restreint d'amateurs délicats, vient de mourir à l'âge de soixante-huit ans. L'école française perd en lui un maître dont le talent le caractère étaient également dignes d'admiration. Professeur au Conservatoire, César Franck subissait sans amertume l'espèce d'obscurité dont son nom était voilé pour le public vulgaire. Tout à ses travaux et à son art, il dédaignait de se plaindre des désillusions qu'il eut à subir. Beaucoup de fierté comme aussi beaucoup de douceur l'aidèrent à attendre l'heure des succès mérités, et on lui prête ce mot, dénotant des espoirs que l'avenir réalisera sans doute :

« On me rendra peut-être justice quand je ne serai plus ! »

Dans la notice émue qu'il lui con-

M. CÉSAR FRANCK, MORT A PARIS LE 8 NOVEMBRE.

(Photographie PIERRE PETIT.)

snre au *Figaro*, M. Ch. Darcourt rappelle que César Franck est né à Liège, et il cite l'extraordinaire incident qui se produisit au Conservatoire le jour où le jeune musicien se présenta au cours de piano.

« Franck, dit-il, venait d'exécuter en toute perfection son solo de concours, le concerto en *la mineur* d'Hummel; on plaça devant lui le morceau à déchiffrer à première vue; alors il l'attaqua aussitôt à la tierce inférieure et le lut en le transposant ainsi, sans un instant d'hésitation et sans commettre une seule faute.

« Ce tour de force excita dans le public un enthousiasme indescriptible, et le jury, qui n'en pouvait croire ses oreilles, voulant signaler le mérite exceptionnel du jeune musicien, le mit en dehors des autres concurrents et lui décerna un premier prix d'honneur, fait qui ne s'était jamais vu au Conservatoire, et que l'on n'y revit pas. »

César Franck remporta au concours des années suivantes les prix de contrepoint et fugue, d'orgue et d'improvisation. Il prit à Paris la situation de professeur de piano, puis se mit à composer.

Parmi les œuvres pouvant compter parmi les grandes compositions de ce maître, il faut citer son poème symphonique intitulé *Rédemption*, sur les *Béatitudes*, oratorio en huit parties qui peut à bon droit passer pour une œuvre du plus réel mérite.

La haute portée de ces compositions, exemptes de toute banalité et portant la marque d'un art épuré, les destine à une durée certaine, et celui qui les écrivit prendra rang quelque jour parmi les grands incompris et les méconnus pour qui la mort a marqué l'heure de la célébrité.

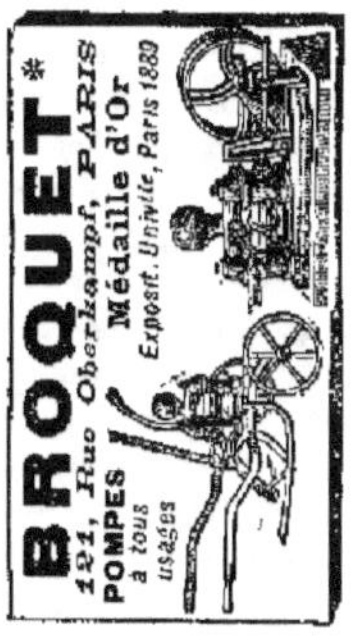

CONSEILS UTILES

Semences potagères ou de fleurs mises à l'abri des vers ou des insectes

Toutes les graines ensemencées, soit sur couches, soit en pleine terre, sont — peu ou prou — exposées à devenir la proie des insectes rongeurs.

A-t-on — à cette époque de l'année ou à toute autre — à faire des semis, et les veut-on sûrement préserver de cette chance de destruction? — Prendre les précautions suivantes :

Peser séparément chaque espèce de graines, — et la mélanger soigneusement avec une petite pincée de fleur de soufre par gramme de semence. Mettre dans un cornet de papier, qu'on ferme hermétiquement. Maintenir le contact pendant 5 à 6 jours. — Semer ensuite en toute sécurité.

Les graines qui se trouveront imprégnées de soufre n'auront à redouter aucune atteinte : elles lèveront admirablement — sans d'fection aucune — au bout du temps nécessaire à leur germination, et il suffira des pratiques ordinaires pour mener es plantes à leur parfait développement.

ICI MOURUT PHI-LIPPE-AUGUSTE

CIDADE DOS-REYS

ON S

et je vous verrais .. du haut jusques en bas, que toute vo-tre .. Du Cévitule

On prétend que la vertu trouve toujours sa récompense, sinon sur terre, au moins dans le ciel.

23 Novembre 1890. Le gérant : L. LATASTE, ⚙.
Administration : A. BAER, 22, Rue Montpensier.

PARIS. — IMP. P MOUILLOT, 13-15, QUAI VOLTAIRE.

Gratuit
pour les abonnés directs du journal.

10 Centimes le Numéro

Paraît
toutes les semaines.

Le Petit Colon

ALGÉRIEN
SUPPLÉMENT ILLUSTRÉ

ABONNEMENTS AU PETIT COLON ALGÉRIEN
Algérie : 3 mois : 4 fr. 50 ; 6 mois : 9 fr. ; 1 an : 18 fr.
France : 3 mois : 6 fr. » ; 6 mois : 12 fr. ; 1 an : 24 fr.
FRAIS DE RECOUVREMENT EN PLUS
Les abonnements sont payables d'avance et partent
du 1er et du 15 de chaque mois.

ON S'ABONNE
Aux Bureaux du PETIT COLON
à Alger, Rampe Magenta, 16.

Le PETIT COLON paraît tous les mois.

NOS GRAVURES

Le monument de Gustave Flaubert

C'est au jardin Solférino, contre les murs mêmes du nouveau musée, qu'a été élevé le monument de Flaubert, à deux pas de celui du poète Louis Bouillet qui fut l'ami de l'auteur de *Mme Bovary*. Nos lecteurs connaissent par la gravure de notre première page la nouvelle et remarquable œuvre d'art dont va s'enrichir la ville de Rouen.

Gustave Flaubert naquit le 12 décembre 1821 dans un des pavillons de l'Hôtel-Dieu (rue de Lecat) qu'habitait son père en sa qualité de chirurgien. La Société des amis des monuments rouennais a fait placer en 1888 une plaque commémorative sur les murs de ce pavillon. C'est là que se passèrent les premières années de Flaubert ; et, au dire de ses biographes, il fut loin d'être un enfant prodige. Il ne pouvait apprendre à lire qu'avec une extrême difficulté ; sa grande passion était de se faire dire des histoires. Il les écoutait immobile, fixant sur le conteur ses grands yeux bleus. Puis il demeurait des heures à songer, un doigt dans la bouche, entièrement absorbé, comme endormi.

C'était la grand'mère de l'enfant qui se chargeait le plus souvent de ce rôle de chroniqueuse ; elle devait savoir de belles histoires, en effet, ayant été dans son enfance la compagne de jeux de Charlotte Corday.

Quant à la maison de campagne de Croisset, c'était une jolie maison blanche, de style ancien, plantée tout au bord de la Seine, entre Rouen et la Bouille, au milieu d'un jardin magnifique qui s'étendait par derrière et escaladait par des chemins rapides la grande côte de Canteleu. M. de Maupassant a décrit le grand cabinet à cinq fenêtres où travaillait Flaubert ; sur la cheminée se dressaient deux grands dieux indiens en bois colorié ; ses murs étaient tapissés de livres, et de vastes divans complétaient l'ameublement, avec quelques portraits d'amis et quelques souvenirs de voyage, entre autres un pied de momie qu'un domestique naïf avait ciré comme une botte et qu'on n'avait jamais pu *dénoircir*. Des fenêtres de cette pièce on voyait passer tout près, comme s'ils allaient toucher les murs avec leurs vergues, les grands navires qui montaient vers Rouen ou descendaient vers la mer. Flaubert travaillait là, une bonne partie de la nuit, dans le silence du grand appartement tranquille, à peine éclairé par deux lampes couvertes d'un abat-jour vert.

Les mariniers sur la rivière se servaient comme d'un phare des fenêtres de *M. Gustave*.

Le Croisset a été récemment détruit et remplacé par une distillerie.

MONUMENT DE GUSTAVE FLAUBERT

Le chemin de fer transsibérien et la Chine.

La construction d'un grand chemin de fer qui traverserait la Sibérie, depuis la chaîne de l'Oural jusqu'au Pacifique, est décidée par le gouvernement russe, qui se prépare à l'entreprendre dès le printemps prochain.

Le Transsibérien aura près de 8.000 kilomètres de longueur; ce sera donc une œuvre considérable en elle-même, considérable aussi par ses résultats.

Les pays traversés par la future ligne sont très curieux à visiter, même au point de vue du pittoresque; la Sibérie ne renferme pas seulement des plaines immenses et monotones; dans sa partie méridionale, une barrière montagneuse presque continue la sépare de la Chine. De cette chaîne (Altaï, Sayanes) descendent une quantité de fleuves et de rivières, l'Ob, l'Irtich, l'Iénissié, etc., que le chemin de fer devra franchir sur des ponts métalliques, que la grande route postale franchit déjà à l'aide de bacs. L'Oka, plus long que la Seine, est au nombre des plus modestes, mais non des moins ravissants. L'Angara forme une catégorie à part; il n'a pas de sources, à proprement parler, et sert d'émissaire au Baïkal. A sa sortie du lac, la largeur du fleuve dépasse un kilomètre. C'est donc un joli déversoir. Ajoutez à cela que les eaux de ce canal naturel forment aussi de nombreuses chutes ou rapides, impossibles, pour la plupart, à remonter ou descendre, même en pirogue. L'un des plus beaux de ces rapides est celui de Padoun, à 650 kilomètres au nord de la ville d'Irkoutsk, capitale de la Sibérie orientale.

Les montagnes de l'Oural, plus accessibles aux touristes, lui réservent une foule de surprises. Pendant huit mois d'hiver, la partie septentrionale de la chaîne avec ses pics abrupts, est perdue sous les neiges. On peut en dire autant de la Sibérie entière; les paysans, dans leurs pauvres *izbas*, se voient condamnés à une séquestration de cinq à sept mois, suivant la latitude.

L'Oural moyen, dont l'altitude est faible, est une région plus favorisée sous le rapport du climat et aussi des richesses minérales; l'or, le fer, le cuivre s'y trouvent en abondance. Autrefois, ce pays a dû être fort peuplé; les recherches archéologiques permettront peut-être de reconstituer son histoire. L'une des plus belles trouvailles, est celle d'une idole bouddhique, découverte à 14 mètres de profondeur, dans un placer aurifère; sa hauteur est de 0m,16; celle du socle, de 0m,26. Elle est faite d'un alliage de cuivre et zinc. Cette statuette a été coulée, puis finie au ciseau; le côté antérieur porte beaucoup d'incrustations et des traces de dorure.

La Sibérie ne compte plus aujourd'hui, en fait d'habitants autochtones, que 4 à 500,000 habitants, répartis en plusieurs races. Les moins abâtardis sont les Bouriates, fixés dans le gouvernement d'Irkoutsk. Ce sont de braves gens et de bons travailleurs (*Note B*). Les Ostiaques et les Vogouls, dont le nombre n'atteint peut-être pas trente mille, forment des tribus misérables, en voie de disparaître totalement. Les maladies contagieuses les déciment chaque année. La famille de Vogouls que représente un de nos dessins fut exhibée, non sans quelques risques, à l'exposition d'Ekatérininbourg (1887); à cette époque sévissait dans ces tribus du Nord, une formidable épidémie de typhus. L'Ostiaque, photographié par M. Boulangier sur le pont d'un vapeur de l'Ob, ne se laissa pas faire sans résistance : son inquiétude fut grande en voyant braqué sur lui un appareil instantané, muni d'une gâchette, comme un fusil.

Tous ces indigènes vivent de chasse ou de pêche. Les Russes aussi sont grands chasseurs; on connaît bien le précieux accoutrement indispensable pour se risquer pendant les grands froids à la poursuite des chevreuils ou à la recherche des ours tapis sous la neige.

La colonisation russe marche rapidement en Sibérie; les villages sont nombreux dans la zone méridionale,

LA PRINCESSE BOURIATE GANTINOUROFF.

habitable et merveilleusement fertile. Ces villages sont tous en bois. Leurs habitants ne peuvent offrir au voyageur que du pain noir, des œufs, du lait. Mais ils ont presque tous des visages sympathiques, respirant l'honnêteté et la bonté. Tels sont ces paysans quêtant

LE GOUVERNEUR DE KIAKHTV (frontière chinoise).

à la porte d'une église; l'un d'eux a coupé sa moustache, ce qui lui donne un certain air yankee; il l'a fait pour ne plus être gêné par les petites stalactites de glaçons qui s'y suspendaient en hiver sous l'effet de sa respiration. Tels sont aussi les émigrants qu'emmènent chaque semaine les bateaux à vapeur qui font le service entre Tiumen (point terminus du chemin de fer de l'Oural) et la ville de Tomsk. Ces émigrants vont en partie coloniser la région de l'Amour; là, en effet, se rencontrent, sous un climat relativement tempéré, les territoires les plus fertiles.

C'est là aussi qu'il importe de pousser le plus activement la colonisation, eu égard aux projets que le gouvernement chinois ne cherche plus à dissimuler.

Jetez les yeux sur notre carte de la Mandchourie; vous remarquerez toutes ces routes de caravanes qui partent de Pékin *en éventail*, se dirigeant vers la frontière russe. Les points marqués sur ces routes indiquent les relais où l'on trouve soit des chevaux de poste, soit tout au moins un abri et quelque nourriture. (*Note C.*) Les monts Khingan séparent le désert de Gobi de la Mandchourie chinoise, pays plus étendu que la France et très riche. La grande rivière Soungari, navigable sur 1,500 kilomètres, et ses nombreux affluents fertilisent les plaines mandchoues. La région montagneuse voisine de l'Oussouri est très boisée, très saine, abondante en minerais de fer, d'or et en gisements de charbon. Depuis trente ans, date de la conquête de la région de l'Amour par les Russes, le gouvernement de Pékin n'a rien négligé pour le peuplement rapide des territoires mandchoux limitrophes de la Russie. Par son ordre le courant d'émigration sorti des entrailles du « monde chinois » a porté dans ces parages, 12 à 15 millions de « faces jaunes », d'après les plus basses évaluations. Quelques auteurs parlent de 30 millions. Les colonies frontières reçoivent l'instruction militaire à la mode cosaque : à côté de la charrue, le fusil.

Pour compléter cette colonisation d'allure inquiétante, la construction d'un chemin de fer mandchou a été décidée. Partant de Pékin, il se dirigera vers le sud des possessions russes, soit en longeant le littoral de la mer Jaune, soit plutôt en se tenant dans l'intérieur des terres et traversant la chaîne peu élevée qui sépare la Mandchourie de la Chine proprement dite. Pour l'un et l'autre tracé, la longueur sera d'environ 1.500 kilomètres (le cinquième seulement du Transsibérien) et la dépense est évaluée à 300 millions de francs. Un emprunt d'État — le second que contracte la Chine — vient d'être conclu. Inutile de demander où il l'a été : les ennemis de la Russie espèrent atteindre le colosse moscovite à l'Orient en même temps qu'à l'Occident. L'objet stratégique de ce chemin de fer mandchou sera la prise de l'arsenal maritime de Vladivostok. Les Russes ne l'abandonneront pas sans soutenir une grosse guerre : cette position militaire, qui assure les débouchés de la Sibérie sur l'océan Pacifique, a une importance de premier ordre.

On peut ainsi mesurer la gravité du conflit que réserve l'avenir, si le gouvernement chinois, cédant à la pression de l'Angleterre et de l'Allemagne, rompt les bonnes relations que la Russie désire conserver avec lui.

Note A.

Non loin du Padoun se trouve un des plus anciens villages russes de la Sibérie, *Bratski-Ostrog*, fondé par les Cosaques de la conquête. *Ostrog* est un mot russe qui signifie forteresse; *Bratski* dérive de Brat ou Bouriate. L'une des tours en bois de la petite forteresse élevée par les conquérants, il y a plus de deux siècles, s'est enfoncée dans la terre; elle supporte aujourd'hui le clocher d'une petite église, également en bois, dont nous donnons le dessin. Cette église, la plus ancienne peut-être de toute la Sibérie, est divisée en deux compartiments suivant sa longueur : l'un sert pour l'été, l'autre pour l'hiver. Ce dernier a besoin d'être fortement chauffé par un bon calorifère, car le thermomètre descend couramment dans ce pays à — 40° centigrades.

Note B.

Nous en donnons plusieurs types, et notamment le portrait d'une jeune princesse, nommée Gantinouroff, dont les quartiers de noblesse sont parfaitement authentiques. Elle appartient à la famille qui régna autrefois sur les Bouriates. A l'époque de la conquête russe, l'un de ses aïeux épouvanté passa en Chine avec 40.000 de ses sujets ; il revint ensuite en Sibérie, après s'être convaincu que les Cosaques n'étaient pas des sauvages. La princesse Gantinouroff est colossalement riche ; on parle d'un revenu de deux millions. Elle n'est pas mariée et son origine mongole nelui rend pas les Européens antipathiques. Avis aux amateurs.

Note C.

La plus importante des routes conduisant de Chine en Russie est celle de Kiakhta ; de nombreuses stations de poste, pourvues d'excellents chevaux, la jalonnent. Toutes ces stations, même celle de Pékin, sont tenues par des employés russes. Kiakhta, frontière, est un important lieu de transit pour les thés de caravanes ; nous donnons le portrait de son gouverneur, un jeune Chinois très madré en affaires commerciales, mais hospitalier et bon garçon pour le voyageur de marque.

(A suivre.)

N.B. — Notre collaborateur, M. Charles Rabot, vient d'accomplir, lui aussi, un intéressant voyage en Sibérie. Il a d'abord visité les Tchérémisses et les Tchouvaches, populations finnoises établies aux environs de Kazan, et qui sont restées païennes. Ces indigènes ont pour sanctuaires de leur religion des bois, dans lesquels ils viennent sacrifier des animaux domestiques. Continuant sa route vers le Nord, M. Rabot a parcouru la Petchora, un des plus grands fleuves d'Europe et dont le bassin était presque inconnu. Après cela, notre voyageur a franchi l'Oural septentrional au prix de grandes difficultés, et parcouru la Sibérie. Dans cette région éloignée de plusieurs milliers de kilomètres de tout centre de civilisation, vivent ces Ostiaques complètement sauvages, dont M. Boulangier parle plus haut. Toujours vêtus de peaux, chassant les écureuils avec des arcs et des flèches, ils donnent le spectacle vivant de l'existence qu'ont dû mener nos ancêtres préhistoriques.

Partout M. Rabot a reçu le meilleur accueil, et il se loue hautement de l'appui empressé que lui ont donné tous les fonctionnaires russes.

Nous aurons à montrer à nos lecteurs, lorsque M. Rabot aura rassemblé ses documents, d'intéressants sujets de ce curieux voyage. Ce sera un complément très curieux du voyage de M. Boulangier.

L'archiduc Jean Salvator.

On a annoncé ces jours derniers, et tout semble confirmer aujourd'hui, la mort de l'archiduc Jean Salvator d'Autriche qui sous le nom très roturier de Johann Orth avait acheté, au mois de février dernier, un navire de commerce et en avait confié le commandement au capitaine Soditsch, en lui promettant une absolue soumission.

En juillet la *Sainte-Marguerite* quittait Montevideo pour Valparaiso où le bâtiment devait prendre un chargement de salpêtre, à destination de Hambourg.

On n'a pas eu de nouvelles du bâtiment depuis cette époque. En conséquence il est présumable qu'il s'est perdu et que le prince a trouvé la mort dans le sinistre.

C'est en 1889 que l'archiduc renonça définitivement à ses titres et privilèges de prince de la maison de Habsbourg, ainsi qu'à son grade militaire et à ses décorations.

Dès sa première jeunesse il s'était signalé par sa nature indépendante et franche. Tandis qu'il tenait garnison à Lemberg, il s'attira par ses critiques et la liberté de ses paroles de sévères remontrances de la part du général qui commandait alors le corps d'armée.

Il lança contre l'artillerie austro-hongroise où il servait comme major, une brochure si virulente que l'empereur dut ordonner qu'il changerait de corps. Au lieu de se rendre aux avis qu'on lui faisait tenir, ce

JOHANN ORTH (ARCHIDUC JEAN SALVATOR).

jeune prince fit paraître une nouvelle brochure où il se déclarait contre le système d'éducation militaire suivi dans son pays.

Après s'être bravement conduit en Bosnie où il fit campagne, il refusa les distinctions honorifiques dont on voulait le gratifier. Il refusa en outre de remplir un poste important où l'appelait la bienveillance de l'empereur.

Ces quelques traits donneront une idée de la physionomie originale du prince qui a renoncé à ce que l'on appelait « le rang suprême » dans les anciens opéras comiques, et qui s'est montré si dédaigneux de tout ce que les autres recherchent ou désirent avec tant d'ardeur et de passion.

L'archiduc Jean était né à Florence, le 25 novembre 1852. C'était le plus jeune des cinq enfants du grand-duc Léopold de Toscane, nous dit M. Jacques Saint-Cère dans *le Figaro*.

Le duc Léopold abdiqua en faveur de son fils aîné le 21 juillet 1859. A la suite de cette inutile abdication, la famille grand-ducale fut chassée de Toscane et alla s'établir en Autriche où Léopold II mourut en 1870.

L'archiduc Jean avait épousé une jeune fille de la très petite bourgeoisie viennoise. Le mariage avait été célébré à Londres. Mme Orth, qui s'était embarquée en mai, à Gênes, était allée rejoindre son mari à Valparaiso. Elle était à bord du navire la *Sainte-Marguerite*, et tout fait présumer qu'elle a dû partager le sort de ceux qui s'y trouvaient.

CONSEILS UTILES

Comment on supporte les plus grands froids avec une seule couverture

Pro humanitate, — nous écrit un philanthrope. — Moyen de supprimer les couvertures de lit multiples, voire les édredons, dont tant de gens sont condamnés à se passer, et pour cause.

Coller ou coudre ensemble — à la dimension voulue — deux gros morceaux de papier d'emballage ; plusieurs numéros d'un journal quelconque, réunis de même, y peuvent suppléer.

Étendre cette double, triple ou quadruple feuille sur le drap de lit placé au-dessus ; la couvrir ensuite d'une simple couverture de laine.

Quand on est couché, la chaleur du corps se concentre, sans déperdition possible, et il suffit — selon le tempérament qu'on a — de quelques minutes, d'un quart d'heure au plus, pour en ressentir les bienfaisants effets, qui se perpétuent pendant tout le temps que dure le repos.

Nous n'avons qu'à souhaiter que cet expédient soit utile au plus grand nombre des malheureux en situation d'en faire l'attristante et cruelle expérience.

Veuillez le faire connaître autour de vous, chers lecteurs. — *Pro humanitate !*

Sirops de quinquinas

Les plus employés comme toniques. — Désirez-vous les préparer vous-même ?

I. Faites bouillir pendant une demi-heure — en vase couvert — 100 grammes d'écorce de quinquina calisaya (jaune) dans 1 litre d'eau. Passez, avec expression. Faites évaporer à moitié le liquide trouble, en y faisant fondre 500 grammes de sucre blanc. — Après cuisson convenable, passez de nouveau à froid. — Sirop le plus communément usité.

II. Si, au lieu de quinquina jaune, vous faites usage de quinquina gris, doublez la quantité de ce dernier, — en maintenant les autres proportions.

— Vous aurez le sirop de quinquina huanaco.

III. Voulez-vous obtenir le sirop de quinquina au vin? — Faites macérer quatre jours 10 grammes d'extrait mou de quinquina dans 480 grammes de vin de Malaga. Ajoutez 560 grammes de sucre blanc.

IV. Préférez-vous enfin le sirop de quinquina ferrugineux? — Ajoutez 1 de citrate de fer ammoniacal à 100 de sirop de quinquina gris au vin.

Falsification des farines de blé avec des farines de féveroles et de vesces

Soit à vérifier une farine suspecte. — Manière d'opérer :

Humecter avec un peu d'eau ou de salive les parois d'une petite capsule de porcelaine — et les enduire avec 1 ou 2 grammes de la farine à essayer. — Verser au fond de la capsule un peu d'acide nitrique, sans toucher la farine. Recouvrir la capsule avec un petit disque en verre et la chauffer légèrement, à une lampe à alcool, en évitant l'ébullition de l'acide.

Celui-ci dégage des vapeurs sur la farine, qui prend une teinte jaune, plus foncée sur la partie voisine de l'acide et allant en se dégradant jusqu'au bord supérieur.

Quand l'acide nitrique commence à s'altérer, on y substitue de l'ammoniaque et on abandonne à l'air.

S'il y a de la farine de féveroles ou de vesces, aussitôt se développe une belle couleur rouge carmin dans la zone moyenne de la capsule; si la farine de blé est sans mélange, on ne voit qu'une teinte et des taches jaunâtres.

---

30 Novembre 1890. *Le gérant :* L. LATASTE, ✤.

Administration : A. BAER, 22, Rue Montpensier.

PARIS. — IMP. P. MOUILLOT, 13-15, QUAI VOLTAIRE.

L'amiral Courbet n'a pas volé le monument qu'on lui a tout récemment élevé dans son pays natal.

Gratuit
pour les abonnés directs du journal.

10 Centimes le Numéro

Paraît
toutes les semaines.

Le Petit Colon

ALGÉRIEN
SUPPLÉMENT ILLUSTRÉ

ABONNEMENTS AU PETIT COLON ALGÉRIEN
Algérie : 3 mois : 4 fr. 50; 6 mois : 9 fr.; 1 an : 18 fr.;
France : 3 mois : 6 fr. » ; 6 mois : 12 fr.; 1 an ; 24 fr.;
FRAIS DE RECOUVREMENT EN PLUS
Les abonnemens sont payables d'avance et partent
du 1er et du 15 de chaque mois.

ON S'ABONNE
Aux Bureaux du PETIT COLON
à Alger, Rampe Magenta, 16.
Le PETIT COLON paraît tous les jours.

LE DOCTEUR KOCH DANS SON LABORATOIRE.

LA DÉCOUVERTE DU DOCTEUR KOCH

Il n'est pas une feuille dans le monde entier qui ne consacre dans ses colonnes de longs articles sur la merveilleuse découverte de l'éminent praticien allemand. De toutes les parties du globe, des milliers de malades tuberculeux, ou croyant l'être, des médecins par centaines, accourent à Berlin, espérant les uns une guérison miraculeuse et les autres voulant s'instruire sur la nouvelle découverte et bien décidés à ne repartir que munis de la précieuse « lymphe », qu'ils inoculeront à leurs malades tuberculeux dont ils croyaient les jours comptés.

Berlin, en ce moment, n'est plus une ville, c'est un vaste hôpital et l'on peut voir circuler ou plutôt se trainer, dans les rues de la capitale allemande, des figures pâles, amaigries, parfois de vrais squelettes ambulants.

Mais quand on y songe, que d'imprudences commises par ces pauvres malades dont un grand nombre sont et resteront inguérissables même avec le remède du D⁻ Koch.

N'est-il pas inconcevable qu'au lieu d'attendre avec un peu de patience le résultat des expériences tentées et de rester dans ces stations hivernales du Midi dont la température douce, égale, convenait à ce qui reste de leurs poumons, ces pauvres malades s'en soient allés à Berlin, affrontant ainsi les froids rigoureux des pays du Nord, précipitant ainsi le fatal dénouement, alors que peut-être bon nombre d'entre eux avaient chance d'être sauvés.

Ce ne sont certainement pas les conseils qui leur ont manqué, mais obtenez donc d'un malheureux qui se noie qu'il lâche prise alors qu'il s'est cramponné avec l'énergie du désespoir à l'épave qu'il croit devoir être le salut.

Et pendant que ces milliers de malades s'en vont en Allemagne, il paraît que le D⁻ Koch, estimant, lui, que le climat de Berlin n'est pas propice, en cette saison, au traitement de la tuberculose, aurait fait demander des renseignements à la municipalité de Toulon pour l'installation d'un établissement dans cette région. En réponse à cette demande, la municipalité aurait décidé de mettre à la disposition du célèbre praticien un des grands établissements d'Hyères pour y traiter ses malades.

Il est bien à regretter que cette idée ne lui soit pas venue plus tôt et qu'elle n'ait pas été largement propagée.

Quoi qu'il en soit, l'émotion du public est facile à comprendre. Grâce à la merveilleuse découverte du D⁻ Koch, des milliers d'existence pourront être sauvées peut-être d'une mort prématurée; un nombre considérable de familles, qui entrevoyaient déjà un deuil plus ou moins prochain, se reprennent à espérer. C'est un rayon de soleil qui vient éclairer leur foyer assombri.

Et chacun espère d'autant mieux que le doute n'est plus guère possible, du moins en ce qui concerne les premiers degrés de la tuberculose. Depuis plusieurs semaines les plus célèbres praticiens de Berlin ont assisté à de multiples expériences, ils ont vu des résultats qui leur semblent aujourd'hui des plus concluants. Même en France, les personnalités les plus marquantes du monde médical semblent acquises à ce nouveau et merveilleux remède; là aussi les expériences se poursuivent avec une sorte de passion; on fait bien quelques réserves et c'est naturel, on a raison de ne vouloir se prononcer que lorsqu'il y aura conviction absolue. Mais ce qui aujourd'hui est considéré comme certain, c'est que la « lymphe » constitue un merveilleux moyen de diagnostic en ce sens qu'elle ne produit de réaction que s'il y a vraiment tuberculose.

La lymphe agit aussi avec une incroyable rapidité dans le traitement du lupus, et des cas de guérison vraiment extraordinaires ont pu déjà être constatés.

En ce moment, dans nos principaux hôpitaux un grand nombre de malades sont en traitement, des réactions favorables se sont déjà produites, nous dirons dans notre prochain numéro si le résultat final a répondu aux espérances.

A. BAER.

NOS GRAVURES

Le docteur Koch.

Berlin, le 22 novembre.

L'émotion causée par la découverte du docteur Koch est ici considérable, non seulement dans le monde spécial des universités, mais encore parmi les *profanes*, ouvriers et bourgeois de la rue, qu se bousculent aux vitrines pour contempler les photographies du savant, comme ils font d'ordinaire pour les poses nouvelles de la famille royale ou de l'empereur. Koch, c'est plus que l'actualité; c'est la grande gloire qui éclipse présentement toutes les autres, même les gloires militaires, dont les Allemands sont pourtant si fiers.

Le nombre des malades qu'amènent à Berlin les trains de la province et de l'étranger est inconcevable. Il en vient de tous les coins d'Europe et

Le professeur Bergmann, collaborateur du docteur Koch.

l'on a dû improviser des cliniques pour les recevoir. En France, quelques journaux ont émis des doutes sur l'efficacité du nouveau traitement; ici, on tombe peut-être dans l'excès contraire, bien que le docteur Koch ait lui-même modestement limité les résultats de sa méthode curative, dans sa première communication à la *Gazette médicale de Berlin*.

Toujours est-il que ces résultats, vérifiés par des hommes d'une valeur scientifique indiscutée, sont surprenants. Le docteur Koch garde encore le secret de son procédé, mais dimanche dernier, le professeur Bergmann, le même qui eut une querelle si retentissante avec le docteur Mackenzie, lors de la maladie de l'empereur Frédéric III, a présenté à la Société de chirurgie, convoquée extraordinairement à la clinique royale, une trentaine de malades, soumis par lui au nouveau traitement. Le docteur Koch était représenté par son gendre, le docteur Pfuhl, chirurgien-major, qui est un de ses collaborateurs.

Cette séance était strictement privée. Nous avons pu y pénétrer cependant, grâce à M. le professeur Bergmann qui nous en a obligeamment ouvert l'accès.

Il y avait là toutes les illustrations scientifiques de Berlin, Virchow en tête, lequel paraissait suivre les développements du professeur Bergmann avec la plus vive attention.

J'ai dit que les malades présentés par le célèbre praticien étaient au nombre d'une trentaine. Des femmes, des enfants, même un homme déjà âgé, malade depuis trente-neuf ans et qui est en voie de guérison. Un cas de *lupus* facial, guéri radicalement, a arraché un bravo à la grave assemblée. Le professeur Bergmann a constaté que, sur tous ces malades, les effets annoncés par le docteur Koch se sont invariablement produits.

Tous les malades qui continuent le traitement ont été inoculés durant la séance. C'est le docteur Pfuhl qui a procédé aux injections à l'aide d'une seringue de Pravaz. Le liquide dont il s'est servi est d'apparence brunâtre, autant qu'il nous a été permis de distinguer de la place que nous occupions. On sait donc à n'en plus douter que la méthode employée est l'injection. Ce point, jusqu'ici, était resté controversé.

Est-ce un effet de la disposition de la salle? Est-ce au contraire voulu? Nous avons remarqué que toutes les injections pratiquées par le docteur Pfuhl ont été faites sous l'omoplate droit. La douleur est nulle. Les enfants eux-mêmes ont pu supporter l'opération sans un mouvement, sans un cri.

On annonce pour le 26 une grande conférence du docteur Koch qui révélerait, dit-on, son procédé. En attendant, un grand local a été loué où le docteur Koch, assisté du professeur Bergmann et des docteurs Pfuhl et Liebbertz, traite les malades qui, pleins de foi, sont venus se soumettre à son traitement. Ces malades appartiennent aux classes riches; ce sont ceux qui trainent lamentablement sur les plages méditerranéennes ou les côtes d'Algérie. Mais pour les pauvres, que fera-t-on? On parle, pour l'Allemagne, de cliniques spéciales où la méthode serait appliquée aux frais de l'État. Mais ce n'est là qu'un projet.

La mort du roi de Hollande.

Le roi Guillaume III est mort au château de Loo le 23 novembre vers 6 heures du matin. Il était né en 1817 et avait épousé en secondes noces, le 7 janvier 1879, la princesse de Waldeck-Pyrmont dont il a eu le 31 août 1880 une fille, la princesse Wilhelmine-Hélène-Pauline, qui devient aujourd'hui, par la mort de son père, reine des Pays-Bas sous la régence de la princesse Emma.

Le grand-duché de Luxembourg où règne la loi salique, est par suite de cet événement détaché de la couronne de Hollande et revient au duc Adolphe de Nassau qui en a déjà été proclamé régent il y a quelques jours.

L'attention de l'Europe va se porter de nouveau sur ce petit pays si célèbre dans les fastes politiques, et si peu connu à tous les autres points de vue; il mériterait cependant une réputation plus pacifique. Aucun coin de terre n'a été plus comblé par la nature de sites pittoresques et grandioses. Les bords de l'Alzette et de la Sure devraient être vantés à l'égal des plus belles vallées de la Forêt-Noire et du Tyrol. C'est au bord d'un affluent de la Sure que se trouve, dominant un pic boisé, la colossale ruine du château de Vianden, berceau de la famille d'Orange-Nassau. Le roi Guillaume III était le quatorzième descendant d'Othon de Nassau, qui avait épousé l'héritière du dernier comte de Vianden.

Vianden est la plus belle et la plus intéressante de toutes les ruines du pays. Elle conserve de merveilleux détails d'architecture, une élégante chapelle, de superbes souterrains. La maison d'Orange conserva le château jusqu'à la Révolution. En 1810 Napoléon en fit cadeau au comte de Marbœuf;

mais celui-ci étant mort en Russie sans postérité, le domaine fit retour à l'Etat. Après 1815 il appartenait donc aux Pays-Bas; mais il fallait 40.000 francs de réparation pour le rendre habitable, et Guillaume Ier recula devant une telle dépense.

Vianden fut donc vendu pour 3.200 florins à un nommé Coster qui entreprit de faire valoir à sa manière cette propriété improductive : il commença par enlever les toits et les admirables charpentes, qui, dit-on, n'avaient point leurs pareilles ; il s'attaqua ensuite aux boiseries, aux ferrailles, à tout ce qu'on pouvait *débiter*. On prétend que la vente des *clous* seuls rapporta 2.700 fr. ! Enfin le roi Guillaume Ier se décida à mettre un terme à ce vandalisme, Vianden rentra au nombre des propriétés royales pour une somme de 1.100 florins.

On y montre la maison où Victor Hugo se réfugia en 1871 lors de son expulsion de Belgique. Les Luxembourgeois abondent l'été, attirés par la beauté du site ; les jeunes mariés vont passer là leur lune de miel ; les chasses du pays sont si belles que l'on y vient d'Angleterre et d'Amérique.

Aujourd'hui la petite ville de Vianden est une placide bourgade, couchée au pied de la montagne que surmontent les ruines de la forteresse.

Quant à la ville même de Luxembourg, elle mériterait un voyage spécial ; contentons-nous, pour cette fois, de signaler le joli château à tourelles qui va servir de résidence officielle au duc de Nassau, l'héritier de Guillaume III pour le grand-duché tant disputé.

Quant au château de Loo, où est mort le roi, il est situé dans la province de Gueldre, à vingt-quatre kilomètres d'Arnheim. L'édifice est vaste; ses deux ailes entourent une vaste cour d'honneur. La partie du château habitée par la famille royale est une grande construction à trois étages, avec de grands et beaux salons, des appartements d'un confortable achevé, mais sans style, extérieurement.

Le parc est surtout remarquable, ainsi que les écuries et les remises. Dans les galeries du château, qu'aucun curieux n'est admis à visiter, et dans le cabinet de travail du roi, une foule d'objets d'art et de tableaux.

GUILLAUME III, ROI DES PAYS-BAS. mort au château de Loo, le 22 novembre 1890

LA REINE EMMA, RÉGENTE DES PAYS-BAS.

WILHELMINE-HÉLÈNE-PAULINE, REINE DES PAYS-BAS.

CONSEILS UTILES

Pommade contre les démangeaisons, — et prévenant les engelures.

Le froid commence à sévir. Sans la moindre galanterie, il s'attaque aux peaux délicates; que de jolies menottes bleuissent et se gonflent sous ses morsures! — Aussi les engelures font-elles leur apparition.

Il ne suffit pas toujours de porter des gants pour se préserver de ces énervants bobos, dont l'hiver est prodigue. Le mieux est de tonifier l'épiderme, — de l'aguerrir contre les agressions atmosphériques.

A cet effet, mesdames, il faut avoir un double courage : s'abstenir d'exposer à la chaleur du feu soit les mains, soit les pieds; ne se servir que d'eau froide pour les ablutions quotidiennes.

Et si vous redoutez que ces précautions soient insuffisantes, ajoutez-y celle d'oindre, plusieurs fois par jour, les places habituelles des engelures avec de la pommade ci-après :

Axonge, — ou vaseline, — 3o grammes; alun en poudre, 1 gramme; camphre, 75 centigr., le tout mêlé et malaxé dans un mortier, de la façon la plus intime.

Cette pommade est également efficace contre les démangeaisons anodines et passagères.

SOLUTION DU DERNIER RÉBUS

Quel souverain voyageur est l'empereur d'Allemagne! au pouvoir à peine depuis deux années, il en est à son deuxième tour d'Europe.

7 Décembre 1890. *Le gérant :* L. LATASTE, &c.

Administration : A. BAER, 22, Rue Montpensier.

PARIS. — IMP. P. MOUILLOT, 13-15, QUAI VOLTAIRE.

RÉBUS

Gratuit
pour les abonnés directs du journal.

10 Centimes le Numéro

Paraît
toutes les semaines.

Le Petit Colon

ABONNEMENTS AU PETIT COLON ALGÉRIEN
Algérie : 3 mois : **4 fr. 50**; 6 mois : **9 fr.**; 1 an : **18 fr.**
France : 3 mois : **6 fr.** ; 6 mois : **12 fr.**; 1 an : **24 fr.**
F. **FRAIS DE RECOUVREMENT EN PLUS**
Les abonnements sont payables d'avance et partent
du 1er et du 15 de chaque mois.

ALGÉRIEN

SUPPLÉMENT ILLUSTRÉ

ON S'ABONNE
Aux Bureaux du PETIT COLON
à Alger, Rampe Magenta, 16.

Le PETIT COLON paraît tous les jours.

NOS GRAVURES

Le mariage de la princesse Victoria.

La princesse Victoria de Prusse, dont le mariage avec le prince de Schaumbourg-Lippe a été célébré le mercredi 16 novembre, au château impérial de Berlin, est née à Potsdam, le 12 avril 1866. C'es la seconde fille de feu l'empereur Frédéric III ; sa sœur aînée a épousé le prince héréditaire de Saxe-Meiningen. Elle est donc à la fois fille et sœur d'empereur et, par sa mère, petite-fille de la reine d'Angleterre, impératrice des Indes.

Le prince Adolphe-William-Victor

LA PRINCESSE VICTORIA.

LE PRINCE DE SCHAUMBOURG-LIPPE.

marschall, ou maréchal de la cour, en tête, dans son costume de gala. Sur le panneau de droite de la galerie, s'accroche l'immense toile, tant de fois éditée par la gravure allemande, où l'art officiel a pompeusement reconstitué la cérémonie de Versailles où Guillaume a été déclaré empereur allemand.

C'est le pasteur Dryander, l'heureux concurrent du pasteur Stœcker, qui a officié. Il y avait là, derrière la cour, tous les généraux, tout le haut personnel de l'empire, tous les représentants des puissances étrangères. L'empereur occupait la droite de l'autel; à gauche,

de Schaumbourg-Lippe est né le 20 juillet 1859; c'est le plus jeune fils du prince régnant de Schaumbourg-Lippe. Il est officier dans l'armée allemande.

Ce mariage a tenu, durant une semaine, tout Berlin en haleine. Représentations de gala, réceptions à la cour, incessant défilé de panaches et de galons, il n'en faut pas tant pour peupler de badauds l'avenue des Tilleuls. C'est ici une manie d'attendre quotidiennement des heures et des heures, même les pieds dans la boue et la pluie sur la tête, le passage de l'empereur, pour avoir le plaisir du coup de chapeau. Le salut, chez les Berlinois, c'est une fonction organique. A défaut de l'empereur, des princes ou des princesses, on se découvre gravement devant les voitures de la cour, simples fiacres capitonnés de soie bleue, qui rappellent curieusement, dans la « grande Allemagne contemporaine », l'ancienne petite maison de Prusse, le marquisat de Brandebourg, comme ironiquement on disait au dernier siècle.

Le mariage civil avait eu lieu la veille, sans éclat, au palais de l'impératrice Frédéric. La cérémonie religieuse a été célébrée au château, lourde et noire bâtisse, plutôt caserne ou prison que demeure impériale. Les époux attendaient

l'impératrice, le kronprinz et l'impératrice Frédéric.

Une remarque qui a été faite, et qui a frappé, dans ce pays de formalisme et de minutieuse étiquette : — l'empereur, dérogeant à l'usage, portait le manteau de l'Aigle Rouge ouvert sur l'épaule et tombant lourdement sur la poitrine, en chape de césar byzantin. Un mot des toilettes.

La princesse Victoria était en robe de damas, tissée d'argent, avec broderies d'argent et perles fines. L'impératrice Frédéric, en robe de velours mauve, brodée de jais blanc; manteau royal violet, brodé d'or. La duchesse d'Edimbourg, en velours bleu et or; la duchesse de Connaught en soie moirée, grise, avec broderie d'argent.

La jeune impératrice Victoria dissimulait de son mieux, sous l'ampleur des étoffes, un état fort intéressant. Ce sera « encore un garçon », s'il faut en croire les bons Berlinois qui, déjà, s'apprêtent à tirer le chapeau devant ce nouveau descendant de la couronne.

Le chemin de fer transsibérien (1).

L'une des principales richesses de la Sibérie consiste dans les mines métalliques. L'or, l'argent, le platine, le fer, le cuivre, etc., s'y trouvent sur une foule de points.

UNE RUE A EKATÉRININBOURG

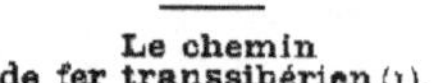

dans la chambre du Grand Electeur, où, selon la coutume, l'impératrice Frédéric a mis la couronne sur la tête de sa fille, en présence des membres de la famille royale. La suite s'était groupée dans la chambre de drapd'or.

C'est dans la galerie des tableaux que s'est ensuite formé le cortège, le Hof-

Le chemin de fer qui traverse déjà l'Oural dessert Nijni-Taghilsk et conduit sans fatigue le touriste Jans l'importante ville d'Ekatérininbourg (40,000 habi-

(1) Documents fournis par M. Boulangier, auteur d'un Voyage en Sibérie qui paraîtra dans quelques jours

tants), célèbre par ses tailleries de pierres fines et de pierres précieuses. Nombre de beaux monuments, d'églises, ornent ses rues généralement garnies de maisons en bois; la gare du chemin de fer, d'architecture originale, mérite une mention spéciale. Les églises aussi sont dignes d'admiration; du reste c'est un fait général, que les plus modestes villes russes possèdent des temples très soignés. Quand le voyageur aperçoit de loin ces flèches et ces coupoles dorées ou peintes en bleu, il croit avoir devant lui une métropole; une fois sur place, son illusion disparaît. La région voisine d'Ekaterinbourg renferme de l'or, comme toute la région ouralienne et la Sibérie entière. Mais les placers de Bérésovsk doivent être classés au nombre de ceux qui sont le mieux exploités. Sous une couche de terre stérile d'environ 4 mètres d'épaisseur se rencontrent les sables aurifères, qui ont à peu près la même profondeur. De nombreux ouvriers les chargent sur des chariots ou dans des wagonnets Decauville, pour les porter à la *laverie*. Là, le sable est versé dans un vaste tambour en rotation, nommé *trummel*, en même temps qu'un courant d'eau continu, destiné à le délayer; cette eau, chargée d'or en poussière et quelquefois en pépites, s'échappe par des trous pratiqués dans les parois du tambour. Elle tombe alors sur un plan incliné, divisé en plusieurs compartiments par des éclusettes en bois s'étageant les unes sur les autres; la majeure partie du précieux métal tombe, en vertu de son poids, au fond des compartiments. Les dépôts ainsi recueillis sont lavés une deuxième et une troisième fois, puis traités au mercure; enfin l'amalgame obtenu est évaporé dans une cornue, et l'on peut alors se rendre compte de la faible importance, comme poids, du résultat donné par le travail journalier de plusieurs centaines d'hommes : le petit lingot d'or qui reste dans la cornue tiendrait dans le creux de la main.

Ces diverses opérations sont l'objet d'une surveillance de tous les instants; un agent de l'État est présent, bien que la mine appartienne à une société privée. C'est qu'il est interdit à quiconque de s'approprier une parcelle d'or métallique, sans l'autorisation du gouvernement. Non que le gouvernement accapare l'or à son profit; mais il s'est réservé le monopole de la purification. Elle se fait dans trois fonderies installées à Ekaterinbourg, Barnaoul (Altaï) et Irkoutsk (Sibérie orientale). Celle d'Irkoutsk est la plus importante, parce qu'elle dessert les richissimes placers de l'Olekma, du Vitim et de l'Amour.

Chaque exploitant de mines envoie à la fonderie, dans des doubles sacs bien cachetés, le produit de ses recherches. Après l'avoir pesé, on le verse dans un creuset de graphite avec des fondants; le creuset va ensuite dans un four à haute température où il reste environ deux heures et demie. Alors on le retire avec toutes sortes de précautions pour ne pas le renverser et pour ne pas se *brûler les yeux*. Le costume des fondeurs est fait *ad hoc*. Le creuset saisi par une pince est enfin basculé et un flot d'or en fusion coule dans un moule en fonte. Cet instant de l'opération est des plus curieux à voir; l'or fondu a des reflets verdâtres et jette un tel éclat que toute tentative de reproduction de la scène par la photographie est inutile : les plaques les moins sensibles noircissent instantanément.

Un nombre infini de cours d'eau sibériens coulent sur des sables aurifères, et, à ce propos, il est intéressant de mentionner le parti que les habitants ont su tirer des conditions climatériques du pays. Au lieu de perdre beaucoup de temps et d'argent, soit à détourner le lit des rivières, soit à fouiller sous l'eau, ils attendent l'hiver, qui transforme cette eau en glace, puis ils percent la glace, dont l'épaisseur est toujours énorme, et au-dessous de laquelle il ne coule plus qu'un mince filet liquide. Les sables sont ensuite extraits, remontés à l'extérieur et déposés sur la berge; on attend la saison chaude pour les laver et les traiter. Ce mode ingénieux de procéder s'emploie sur une rivière de l'Oural septentrional.

Suivre les rivières en Sibérie, s'en servir comme de voies de transport, est aujourd'hui le meilleur

mode de locomotion pendant quatre à cinq mois de l'année; mais les traverser, c'est autre chose! Comment franchir avec des ponts ces énormes artères qui ressemblent souvent à des bras de mer? On se sert invariablement de bacs. Pour les petits cours d'eau, ces bacs, sur lesquels prennent place piétons et voitures, sont halés d'une rive à l'autre au moyen d'une corde; pour les larges fleuves, ce système étant inapplicable, on a recours à un câble tendu, non en travers du lit, mais en plein lit, et suivant le courant. Ce câble, qui peut atteindre une longueur d'un kilomètre, est supporté de distance en distance par une barque; il flotte ainsi à la surface de l'eau, est immergé à son extrémité d'amont et retient le bac par celle d'aval. Ce dernier, sous l'action combinée du câble et du courant, quitte son appontement, traverse le fleuve presque en ligne droite et vient accoster de lui-même le débarcadère de la rive

UN BAC SUR L'YÉNISSÉI.

opposée. Il suffit que le timonier soit un peu au courant de la manœuvre de son gouvernail, pour que ce petit problème de géométrie pratique ait une bonne solution. La première fois qu'on est témoin du fait, on n'en croit pas ses yeux. Pour un peu, on accuserait les Russes de sorcellerie.

Le chemin de fer transsibérien ne pourra pas utiliser, cela va sans dire, cette ingénieuse invention, sous peine de se condamner à des retards incalculables; il lui faut des ponts. Le plus grand sera celui de l'Yénisséi, à

UNE MINE D'OR DANS L'OURAL SEPTENTRIONAL.

Krasnoïarsk; il aura près d'un kilomètre de longueur. Souhaitons que les terribles débâcles du printemps lui soient toujours propices, et que la cérémonie annuelle (1er, 13 août) de la bénédiction des eaux — coutume générale en Russie — lui évite une catastrophe!

Souhaitons aussi que cette grande œuvre du Transsibérien soit menée à bonne fin dans le plus court délai possible, et éloigne de la Russie tout danger de conflit avec « le monde chinois ». Sans doute, la Sibérie restera longtemps encore une contrée à part; on y trouvera toujours des usages et des mœurs appropriés au climat, des maisons en bois, par exemple, mais les maisons en bois ne sont pas toutes à dédaigner — témoin cette jolie école de demoiselles, dont nous don-

nons le dessin; on y verra aussi des condamnés de droit commun, des galériens à mine rébarbative, quoique fort inoffensifs; mais qu'on ne l'oublie pas, cette Sibérie si lointaine actuellement, si mal famée aussi, est la terre de l'avenir.

Le futur chemin de fer aura, en effet, pour résultat immédiat de rapetisser singulièrement les distances énormes qui sont aujourd'hui le principal obstacle à la colonisation des régions méridionales de cette contrée, régions très saines, très fertiles, très riches en minerais précieux. Il amènera des flots de nouveaux colons libres qui submergeront les éléments vicieux de la population actuelle fortement mélangée de « colons malgré eux ». Il ne faut pas oublier, à ce propos, que la Sibérie, depuis deux siècles et demi qu'elle fait partie de l'empire russe, a servi de lieu de déportation à une foule de condamnés de droit commun, ou bien de gens dangereux dont se débarrassent les communes de la Russie européenne. La statistique de cette déportation n'existe qu'à dater de 1824 — année de la célèbre révolte des *décabristes*; elle accuse le chiffre de 650,000 individus. C'est assez peu, somme toute, pour une nation aussi nombreuse; mais c'est beaucoup au point de vue sibérien, car ce pays si vaste ne renferme que 4 à 5 millions d'habitants.

On conçoit ainsi que la « colonisation pénale » n'ait guère favorisé la « colonisation libre »; les honnêtes paysans se soucient médiocrement d'avoir des ex-forçats pour voisins de campagne. De là des tiraillements qui aboutissent le plus souvent à la fuite des déportés internés dans les villages, c'est-à-dire astreints à l'obligation d'une résidence fixe. La vie leur étant impossible, ou leurs instincts sauvages reprenant le dessus, ils rompent leur ban et se mettent à « vagabonder », tournant toujours leurs pas vers l'Occident, dans le chimérique espoir de passer l'Oural et de revoir la « Sainte Russie ». Le nombre de ces « vagabonds » atteint un total invraisemblable — 30,000 et 40,000 peut-être chaque année; ceux qui atteignent l'Europe se comptent par unités. Presque tous sont repris et ramenés au fond de la Sibérie orientale.

Du reste, je le répète, ils ne sont pas méchants et ne font aucun mal au voyageur, si ce n'est quelquefois la farce de « couper » les malles attachées derrière sa voiture. Il y a cependant parmi eux quantité de condamnés coupables d'assassinat, et un jour le comte A. Ignatieff, ancien gouverneur général à Irkoutsk, s'étonnait devant nous de la rareté des crimes commis par ces fantômes des forêts vierges sibériennes. Peut-être faut-il voir là une nouvelle preuve des qualités natives de la race russe, foncièrement bonne, ennemie du mal et charitable; les moujiks tuent, quand ils ont trop bu de leur liqueur favorite, le *vodka* (eau-de-vie de grains); à jeun, ce sont des grands enfants, doux comme des moutons, et quand il le faut, braves comme des lions. Le tout est de ne pas les griser; c'est à quoi s'appliquent les paisibles habitants des villages situés sur la route que parcourt le grand courant des « vagabonds ». Le soir, ils mettent sur leurs fenêtres une miche de pain et un pot de lait. Ainsi se trouvent observés les devoirs de l'hospitalité : le matin la miche a été prise et le pot vidé.

Le Transsibérien, en infusant la vie civilisée jusqu'au fond de l'Extrême-Orient, rendra un autre service à la Russie et à l'Europe : à la Russie, celui d'assurer sa domination sur les rivages du Pacifique qui lui sont nécessaires; à l'Europe, celui de rendre impossible à la race jaune un de ces mouvements de reflux dont les invasions barbares du commencement de notre ère ont été un dramatique épisode.   E. B.

Le général Séliverstoff

Le général russe Séliverstoff, habitant ordinairement Saint-Pétersbourg, était descendu depuis une quinzaine environ à l'hôtel de Bade, boulevard des Italiens. Dans la matinée du 18 novembre, il a été trouvé dans sa chambre sans connaissance, les vêtements tachés de sang, portant au côté droit de la tête une profonde blessure.

Le général n'avait reçu, ce matin-là, qu'un homme venant apporter une lettre de M. de Bernoff, directeur du Salon franco-russe, invitant M. Séliverstoff à une fête.

L'homme sortit précipitamment au bout de quelques minutes, et ce n'est guère qu'une demi-heure plus tard que le domestique du général trouva son maître dans l'état que nous avons décrit.

Le général Michel Séliverstoff a servi dans les hussards de la garde russe. Il quitta l'armée pour entrer dans la 3e *section* (police politique) et se montra très âpre à la poursuite des nihilistes. Il en envoya, dit-on, un grand nombre en Sibérie.

Il se serait, en outre, activement occupé du dernier procès des terroristes.

Le résultat de l'enquête immédiatement commencée, a fait connaître que le porteur de la lettre et l'assassin est un homme Stanislas Podlewski. Il n'y a que huit jours qu'il était au service de M. de Bernoff.

Comme beaucoup de ses compatriotes, Podlewski était l'objet de la sollicitude de M. Mendelssohn, compromis récemment dans le procès des terroristes, et qui l'aidait de sa bourse.

On pense que l'assassinat du général est purement politique. Podlewski n'aurait obéi, en le tuant, à aucun sentiment personnel. Il aurait exécuté un mandat dont l'auraient investi ses coreligionnaires politiques. On suppose que la récente condamnation à mort de Mlle Kunsbourg aurait armé son bras. Cette sentence aurait été provoquée par le général Séliverstoff.

On n'a pu mettre encore la main sur le meurtrier. Quant à M. Mendelssohn, quoiqu'on n'ait relevé aucune charge contre lui, il a été écroué au Dépôt.

Les obsèques solennelles du général Séliverstoff ont été célébrées le 5 décembre à l'église russe de la rue Daru.

A neuf heures du matin, le corps, descendu il y a dix jours dans les caveaux de l'église, a été remonté dans la chapelle et placé dans un superbe catafalque, orné de fleurs, de couronnes et de verdure. Une première messe privée a été dite; y assistaient seulement les parents du défunt et les invités.

Après l'absoute, le service public a commencé, vers les onze heures. L'office a été célébré par l'archiprêtre Wassilieff, assisté de l'archidiacre Arsène et des autres popes de l'église russe.

A midi moins un quart, la cérémonie religieuse était terminée, et le corps du général Séliverstoff était transporté dans un corbillard de première classe, attelé de six chevaux tenus à la main par des piqueurs.

Le deuil était conduit par MM. de Krouschoff, de Potopopoff, neveux du défunt; Mme de Werstoky, sa nièce.

Venaient ensuite MM. le capitaine de vaisseau de Maigret et le lieutenant-colonel Toulza, représentant le président de la République; le capitaine d'infanterie Ebener, officier d'ordonnance de M. le général Saussier; M. d'Ormesson, chef du protocole au ministère des affaires étrangères, et l'amiral Layrle.

Le conseiller de l'ambassade russe de Kotzebue, représentant M. de Mohrenheim, absent; le prince Troubetzkoy, grand-chambellan du tsar, attaché à l'ambassade de Russie; le prince Galitzin; le général baron Freedéricksz, attaché militaire; de Kartzow, consul général de Russie à Paris; Zarine, vice-consul; Raffalowitch, le célèbre économiste russe, parent par alliance des neveux du défunt.

Le prince de Leuchtemberg, de Lavelaye, capitaine d'artillerie belge, et son père, lieutenant de lanciers; Lozé, préfet

LE GÉNÉRAL SÉLIVERSTOFF, ASSASSINÉ LE 18 NOVEMBRE.

Mlle EVA DUFRANE.

de police; Viguier, son chef de cabinet; Banaston, procureur général; Lefuel, premier substitut du parquet; Gaillot, chef de la police municipale, etc., etc.

Les honneurs militaires ont été rendus par le 36e de ligne, avec musique et drapeau, le 6e cuirassiers et deux batteries du 22e d'artillerie; ces troupes étaient sous les ordres de M. le général Ladvocat; elles ont défilé rue Daru devant le corbillard, qui avait été placé en face de la grande grille de l'église.

Le cortège s'est rendu à la gare du Nord en suivant la rue Pierre-le-Grand, le boulevard de Courcelles, la rue de Monceau, l'avenue de Messine, le boulevard Haussmann, la rue Lafayette, le boulevard Denain, les rues de Dunkerque et de Maubeuge.

Aucune manifestation ne s'est produite sur le parcours, où cependant l'affluence était énorme.

A midi et demi, le convoi arrivait à la gare des marchandises de la rue de Maubeuge: un portique en draperies noires ornées des écussons du défunt avait été élevé à l'entrée.

Après les prières des morts, dites par l'archidiacre Arsène, le cercueil a été transporté dans un fourgon tendu de velours noir.

Le corps restera jusqu'à demain soir à la gare du Nord, puis il sera transporté par l'express à Saint-Pétersbourg, où se feront de nouvelles funérailles.

Mlle Eva Dufrane

Aujourd'hui que le succès a couronné la représentation de *Salammbô* qui n'avait jamais encore été donnée en France, nous dirons quelques mots sur cette chanteuse remarquable.

Mlle Eva Dufrane, après de brillantes études au Conservatoire de Bruxelles, où elle obtint la plus haute récompense, vint les compléter à Paris. Elle avait vingt ans, lorsqu'au mois d'août 1880 elle affronta le feu de la rampe de l'Opéra, et recueillit dans *la Juive* tous les suffrages du public et de la presse. Elle créa ensuite *Tabarin* et chanta *les Huguenots, le Prophète, Robert le Diable, le Tribut de Zamora, l'Africaine, Sapho, Don Juan, Aïda, Henri VIII et Patrie.*

En 1889, séduite par de brillants engagements, elle parcourut la Belgique, la Hollande et la Russie; et c'est après ce voyage où elle a recueilli les succès, qu'elle est venue créer à Rouen *la Salammbô* de M. Reyer.

Mlle Eva Dufrane a été en juillet dernier nommée officier d'académie.

CONSEILS UTILES

Bains parfumés.

Composition d'origine étrangère — mais qui, malgré cette particularité, n'est pas pour déplaire aux personnes les plus raffinées.

On mêle ensemble :

Savon de toilette en poudre 20 gram.
Farine d'amandes......... 10   —
Poudre d'iris de Florence 5   —
Essences de lavande et de
  bergamotte — de chaque 10 goutt'es

Ces quantités sont suffisantes pour un bain ordinaire.

Ancienne Maison QUANTIN, Librairies-Imprimeries réunies, 7, rue Saint-Benoît. — MAY et MOTTEROZ, directeurs

ÉTRENNES DE 1891

LE YACHT

Histoire de la Navigation Maritime de Plaisance

Par PHILIPPE DARYL

Un volume in-4° carré, illustré de 150 dessins, par BOUDIER,
BOURGAIN, BRUN, MONTADER et VALLET

Broché, 25 fr. — Cart. sous une couvert. en couleurs, doré sur
tranches, 30 fr. — Demi-reliure d'amateur, 32 fr.

TIRAGE DE LUXE

10 exemplaires sur japon, n°° I à X, avec une aquarelle originale
de Bourgain, 250 fr. — 40 ex. sur japon, n°° 11 à 50, 100 fr.

OUVRAGES DIVERS POUR LA JEUNESSE

LES BOURGEOIS DE CALAIS

Par Mme DE WITT, née GUIZOT. — Illustrations de Ed. ZIER
Un beau volume in-4°. — Prix broché, 7 fr. 50.
Richement relié, 12 fr.

BIBLIOTHÈQUE DE L'ÉDUCATION MATERNELLE

LE SECRET DE SIR WILLIAM

Par MARC ANFOSSI. — Illustrations de DESTEZ
Br., 2 fr. 25. — Relié blanc et or, tranches dorées, 3 fr. 50.

BIBLIOTHÈQUE ENFANTINE ILLUSTRÉE

PETITS AMIS

Par Mme de BOSGUÉRARD. — Nombreuses Illustrations
Broché, 0 fr. 80. — Avec carton, en couleurs, 1 fr. 25

ALBUMS de MUSIQUE ILLUSTRÉS en COULEURS
La Chanson des Joujoux, 10 fr. — Petits Danseurs, 10 fr.
Rondes et Chansons du premier âge, 7 francs.

Gravure extraite des *Bourgeois de Calais*
(ANCIENNE MAISON QUANTIN, Éditeur)

Gravure extraite du *Yacht*
(ANCIENNE MAISON QUANTIN, Éditeur)

Administration : A. BAER, 22, Rue Montpensier. — 14 Décembre 1890. Le gérant : L. LAFASTE, ⊙.   PARIS. — IMP. P. MOUILLOT, 13-15, QUAI VOLTAIRE.

PILULES de BLANCARD

Approuvées par l'Acad. de Médecine de Paris.

Participant des propriétés de l'iode et du fer,
ces pilules s'emploient contre les Scrofules, la Phthisie
à son début, la faiblesse de tempérament, ainsi que
dans toutes les affections
pâles couleurs, aménor-
rhée, etc.) où il est nécessaire de réagir sur le sang.

Exiger la signature ci-jointe
au bas d'une étiquette VERTE.
Flacon 4 fr., 1/2 flacon 2 fr. 25. — Envoi franco contre
Mandat ou Timbres, rue Bonaparte, 40, PARIS.

POÊLE DE L'ACADÉMIE

Brûlant son Oxyde de Carbone

VIVILLE, 24, Avenue de l'Opéra.
A obtenu les plus hautes récompenses

CROIX de MÉRITE

L'Album est envoyé franco sur demande

OUTILLAGE D'AMATEURS

— ET D'INDUSTRIES

FOURNITURES POUR LE DÉCOUPAGE
TOURS de tous systèmes
SCIES-MÉCANIQUES, OUTILS de toutes sortes
— BOÎTES D'OUTILS —
Le Tarif-Album (154 pages et 441 gravures)
est expédié franco contre 0 fr. 65
TIERSOT, 16 r. des Gravilliers, Paris
(fondée en 1851). MÉDAILLE d'ARGENT, la plus haute récompense.

RHUMATISMES GOUTTE AIGUË

NÉVRALGIES guérison assurée en 2 à 3 jours par le
SALICYLATE de Soude (Boîtes 3 fr.)
Cachet SCHLUMBERGER & CERCKEL, 26, r. Bergère.
Prép. CHEVRIER, ph. 1re cl. 21, Faub. Montmartre, PARIS

Répertoire de la musique de la GARDE RÉPUBLICAINE
ÉLISA, Polka brillante.
JEANNE. — L'HORIZON BLEU, Grandes Valses.
de Ludois LATASTE ⊙
J. B. FRANTZ, Éditeur, 64, rue Lafayette, Paris.

RADIGUET

15, Boul. des Filles-du-Calvaire
(CIRQUE D'HIVER)

Nouveau prix courant illustré
de 178 figures
DES APPAREILS ÉLECTRIQUES
LES PLUS USITÉS

Envoi contre 50 c. en timbres-
poste de tous pays.
INDIQUER LE NOM DU JOURNAL

POMMADE DERMATIQUE MOULIN

Cette Pommade guérit les Boutons,
Rougeurs, Démangeaisons,
l'Acné, Eczéma, Dartres,
Herpès, Hémorroïdes, Pelli-
cules, ainsi que toutes maladies de la peau.
Elle arrête la Chute des Cheveux
et des Cils et les fait repousser.
« Monsieur, votre Pommade m'a
« complètement guéri de l'Eczéma,
« qui me couvrait tout le front et une
« partie du visage au-dessus des yeux
« et tout le nez. » DUSSUT,
« Connaisseur spécial de l'olios
au Perthus (Pyrénées-Orient.) »
« Monsieur, vous m'avez guéri d'une Maladie de Peau,
« insupportable que je soignais en vain depuis quatre ans.
« MÉNARS, huissier à Sauzun (Gard) »
Se vend au Dépôt des PILULES PURGATIVES & DÉPURATIVES
MORISON-MOULIN. — 2 fr. le pot, envoi franco par poste,
66, rue Louis-le-Grand, PARIS, et les bonnes Pharmacies.

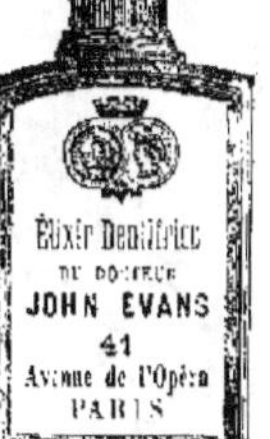

Élixir Dentifrice
DU DOCTEUR
JOHN EVANS
41
Avenue de l'Opéra
PARIS

BROQUET
14-16, Rue Oberkampf, PARIS
Médaille d'Or
Export. Unselle, Paris 1889
POÊLES
à tous
USAGES

PRIMES-ÉTRENNES A NOS ABONNÉS

OFFERTES PAR LE NOUVEAU DÉPÔT
PARIS — 51, Boulevard Voltaire, 51 — PARIS

SERVICE RENAISSANCE, terre de fer
fond ivoire, impression bleu vert,

12 Couverts, 74 Pièces	**39 fr.**
(Soupière, Légumier, Saladier carrés)	
DERNIÈRE CRÉATION	
Dessert assorti, 42 pièces	**20 fr.**
Service cristal gravé, 52 pièces .	**29 fr.**

CATALOGUE ILLUSTRÉ GRATIS ET FRANCO SUR DEMANDE

LITS ET FAUTEUILS MÉCANIQUES

POUR MALADES ET BLESSÉS

DUPONT, Rue Hautefeuille, 10 (*près l'École de Médecine*)
Les plus hautes Récompenses à toutes les Expositions

PORTOIRS ARTICULÉS
de tous Systèmes

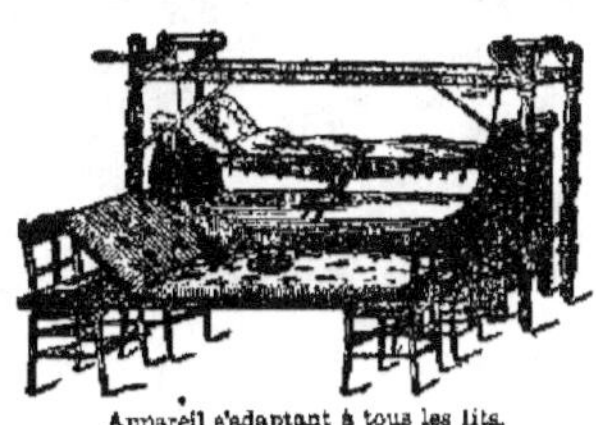

Appareil s'adaptant à tous les lits.

FAUTEUIL ROULANT
pour Jardins.

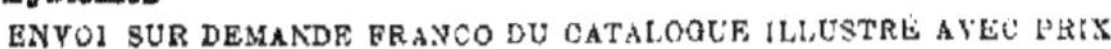

ENVOI SUR DEMANDE FRANCO DU CATALOGUE ILLUSTRÉ AVEC PRIX

EAU ANTINÉVRALGIQUE Alph. BAER

D'un parfum agréable et complètement inoffensive

NÉVRALGIES FACIALES
MIGRAINES
MAUX DE DENTS

EXTRAIT DES ATTESTATIONS

Monsieur Baer,
Votre Eau a fait merveille et rendu des services
réels. Je vous demande pardon du retard que j'ai
mis à vous répondre, mais il est motivé par le désir
de vous donner mon avis sur les résultats obtenus,
qui sont réellement très satisfaisants.
Agréez, Monsieur, etc. — Signé : Ch. MENIER,
Pharmacien de 1re classe à Nantes.
M. MENIER est aujourd'hui Professeur à l'École
de Médecine.   Nantes, 23 avril 1873.

PRIX : Flacon contenance triple, 10 francs; flacons, 4 francs;
12 flacons, 2 fr. 50. Envoi franco contre mandat ou timbres adressés
à M. **Alph. BAER**, l'inventeur, **22, rue Montpensier, PARIS.**

Gratuit
pour les abonnés directs du journal.

10 Centimes le Numéro

Paraît
toutes les semaines.

Le Petit Colon

ALGÉRIEN

SUPPLÉMENT ILLUSTRÉ

ABONNEMENTS AU PETIT COLON ALGÉRIEN
Algérie : 3 mois : 4 fr. 50; 6 mois : 9 fr.; 1 an : 18 fr.
France : 3 mois : 6 fr. » ; 6 mois : 12 fr.; 1 an ; 24 fr.
FRAIS DE RECOUVREMENT EN PLUS
Les abonnements sont payables d'avance et partent
du 1ᵉʳ et du 15 de chaque mois.

ON S'ABONNE
Aux Bureaux du PETIT COLON
à Alger, Rampe Magenta, 16.

Le PETIT COLON paraît tous les jours.

LES FUNÉRAILLES DU ROI DE HOLLANDE. — LA CHAPELLE ARDENTE AU CHATEAU ROYAL DE LA HAYE.

LA MISSION FRANÇAISE DÉPOSANT SA COURONNE.

LA LYMPHE DU DOCTEUR KOCH

Ainsi qu'on pouvait le prévoir, à l'enthousiasme de la première heure a succédé une véritable orgie de critiques à l'égard du remède de Koch; dans quelques comptes rendus journaliers on ne parlait plus que d'insuccès; pis encore, il n'était plus question que d'aggravations le plus souvent suivies de décès.

Ayons le courage de le reconnaître, ces critiques absolument injustes et qui ont pris leur source dans une sorte de dépit professionnel où la question de nationalité n'était pas étrangère, ces critiques, hâtons-nous de le dire, n'émanent que d'une infime minorité.

En effet, presque tous les journaux, interprètes naturels de l'opinion publique, aussi bien que l'immense majorité des médecins français, ne ménageront pas leur tribut d'admiration à l'éminent praticien allemand pour son admirable découverte, et ils auront raison.

Lorsqu'un homme, par son talent, ses études, ses recherches patientes, en arrive à découvrir le moyen de combattre victorieusement l'une des plus affreuses maladies qu'on connaisse, et qui, pour ne parler que de la France seule, fait chaque année plus de cent mille victimes, celui-là ne doit plus être considéré seulement comme un grand citoyen de son propre pays ; par le seul fait des immenses services rendus et à rendre, il est appelé à devenir le citoyen du monde entier. Et si les expériences qui se continuent partout aboutissent à des résultats concluants, comme tout d'ailleurs le fait espérer, s'il est vrai que plus tard il faille reconnaître que grâce à Koch la tuberculose, dans ses premières manifestations du moins, est désormais vaincue, quel tribut d'admiration ne devra-t-on pas à cet homme, à ce *grand exterminateur de la mort!*

Quand, il y a quinze jours, j'écrivais mon article sur la découverte du Dr Koch, mon opinion était déjà faite, non pas sur la certitude de la guérison de la tuberculose, mais j'étais absolument convaincu de la valeur incontestable du produit et, faisant la part de l'exagération, admettant même que le remède tant prôné pourrait bien ne pas donner tout ce qu'il semble promettre, il offrait déjà l'immense avantage d'un diagnostic certain dans la recherche de la tuberculose, et un moyen curatif des plus énergiques dans le traitement du lupus. Cette opinion d'ailleurs était basée sur ce fait qu'il me semblait inadmissible que des expériences aient pu être commencées et poursuivies, pendant des semaines entières, sous le patronage avoué de l'empereur d'Allemagne lui-même, et sous les yeux de nombreux médecins dont l'autorité scientifique est incontestable et incontestée dans le monde civilisé, il me semblait inadmissible, dis-je, que ce remède, objet d'expériences si sérieuses, en ce qu'elles touchent de près à la vie humaine, dût être considéré, ne fût-ce qu'un instant, comme étant sans valeur, selon les uns, ou infailliblement mortel, selon les autres.

Mais la lumière finit toujours par se faire, surtout quand l'intérêt public y est si fortement intéressé.

Les esprits hostiles en seront donc pour leurs frais, et force leur sera bien de reconnaître un jour qu'ils se sont trompés, et de s'incliner à leur tour.

D'ailleurs, ne sommes-nous pas en droit de nous enorgueillir nous-mêmes d'avoir Pasteur, ce modeste savant, ce grand initiateur de la méthode nouvelle, et sans lequel Koch n'eût jamais songé à rechercher le bacille de la tuberculose et les moyens de le combattre ?

Pasteur aura toujours l'honneur immense de la conception première, et vous verrez qu'on ne l'oubliera pas dans les éloges qui seront prodigués à Koch.

Et s'il fallait une preuve nouvelle pour démontrer combien sont fondées les espérances qui aujourd'hui reposent sur la lymphe du Dr Koch, il faudrait la voir dans la résolution prise il y a quelques jours par le comité consultatif d'hygiène qui, après une discussion engagée sur les applications faites en France du remède de Koch, et après les explications données par MM. Cornil, Peter, Peyron, Monod, Brouardel, Bergeron, a voté à la presque unanimité la proposition suivante:

« Le comité consultatif d'hygiène reconnaît qu'il y a un intérêt scientifique à ce que les expériences sur la valeur du remède de Koch soient continuées en France. »

Au début de la séance, M. le Dr Proust avait fait lecture de la note qu'il avait reçue de M. Netter, médecin des hôpitaux de Paris, au sujet du remède de Koch et de ses applications; en voici les conclusions reproduites textuellement :

« On peut dire que la découverte de M. Koch a une valeur extrême. Son utilité diagnostique est incontestable, et peut-être pourra-t-on un jour, grâce à ce moyen, reconnaître des tuberculoses tout à fait initiales, des mois, des années avant qu'elles se traduisent par des signes physiques. Dans ces conditions, sans doute aussi, la guérison sera facile à obtenir par ce remède même ou par un autre.

« Ce diagnostic précoce aura, faut-il le dire? une utilité tout aussi grande pour l'entourage du malade et pour toute la société. La direction de santé militaire de Berlin, qui suit avec un si vif intérêt les travaux de M. Koch, apprécie tout spécialement, dès aujourd'hui, ce côté de la méthode, et espère ainsi faire disparaître la tuberculose de l'armée.

« La valeur thérapeutique de la méthode est aussi dès à présent établie, au moins pour les lésions superficielles.

« Il est hors de doute que la méthode sera perfectionnée, que son mode d'emploi sera précisé davantage.

« La découverte de M. Koch est plus précieuse par les espérances légitimes qu'elle permet de formuler que par les résultats acquis à cette heure.

« Il est possible d'affirmer aujourd'hui qu'avant longtemps, par lui, par ses élèves ou par ses émules, sera trouvée la formule définitive d'un traitement efficace de la tuberculose dans ses diverses manifestations et sans doute aussi d'autres affections microbiennes.

« Il convient néanmoins de faire certaines réserves, car l'emploi du nouveau remède n'est pas sans inconvénients, dont doivent être prévenus le médecin, le malade et son entourage. La réaction générale peut être extrême, et il peut en résulter une aggravation temporaire chez un sujet très affaibli. Aussi convient-il de ne pas traiter les cas trop avancés.

« La poussée locale peut devenir le point de départ d'une aggravation persistante. L'œdème de la glotte, dans les tuberculoses laryngées, peut entraîner la mort.

« La méthode de Koch est encore dans la phase d'expérimentation, et nous croyons qu'il n'est pas nécessaire de multiplier outre mesure des expériences sur le compte desquelles nous sommes renseignés avec le plus grand soin.

« Dans tous les cas, le traitement doit être surveillé avec la plus grande attention. Nous croyons, avec Pfuhl, qu'il ne doit être entrepris que dans des hôpitaux, où les malades sont l'objet d'une surveillance éclairée de tous les instants, et où ils sont toujours à même de recevoir en tout temps les secours du médecin. »

Et pour mieux démontrer encore tout le sérieux que l'on attribue en haut lieu médical au remède de Koch, il me suffira de dire que dans sa séance du mardi 9 décembre, l'Académie de Médecine a examiné, elle aussi, les avantages et les inconvénients des inoculations de la lymphe de Koch; l'opinion générale des membres de l'Académie a été de continuer les expériences faites avec le nouveau remède, malgré son caractère de *remède secret.*

Certes il est regrettable que M. Koch n'ait pas cru devoir imiter en cela M. Pasteur, en faisant connaître publiquement la formule de son remède, afin que toutes les nations puissent immédiatement bénéficier de la merveilleuse découverte ; mais rien ne prouve qu'il ne le fera pas un peu plus tard, alors que la période d'expériences sera close et que la conviction aura fait place au doute dans l'esprit des plus récalcitrants.

Pour moi, je m'explique très bien la crainte que pouvait faire naître chez M. Koch et son entourage la divulgation prématurée de la composition de son remède.

Il a pu penser, non sans raison, peut-être, qu'aussitôt la formule dévoilée, il surgirait aussitôt une foule d'autres produits similaires, se rapprochant plus ou moins du sien, et qui, n'ayant pas sa valeur curative, donneraient lieu à de nombreux insuccès, dont le contre-coup ne laisserait pas d'être funeste à la méthode nouvelle. Ce n'est là, bien entendu, qu'une simple supposition; l'avenir nous dira si M. Koch avait d'autres raisons pour ne pas divulguer son secret, et si, comme on le donne à entendre, il n'a fait qu'obéir en cela à un ordre émanant de l'empereur lui-même.

A. BAER.

NOS GRAVURES

Les funérailles du roi de Hollande.

Les funérailles de Guillaume III, mort au château de Loo le 23 novembre, ont eu lieu à la date du 4 décembre.

Le corps avait été transporté au palais royal de La Haye le 1er décembre. Le train funèbre contenant la dépouille royale s'est arrêté à toutes les gares du parcours et a été salué par les autorités. À l'arrivée à La Haye, le cercueil a été placé dans une chapelle ardente où la levée du corps du roi a eu lieu dans la matinée du 4 décembre.

Le char, attelé de huit chevaux à deux de front, caparaçonnés de noir et conduits à la main par des piqueurs, laissait voir le cercueil placé sous un baldaquin soutenu par des colonnes et orné de rideaux de velours noir lamé d'argent. Sur le drap mortuaire étaient posés l'épée, l'uniforme et le chapeau de général du feu roi.

Les roues disparaissaient sous les couronnes et sous les fleurs.

Le char était précédé par un piquet de cavalerie et par un superbe état-major entourant le baron Taet Van Amerozen, commandant la place de La Haye ; par la garde civique avec son drapeau et sa musique ; par les troupes, ainsi réparties : trois bataillons de chasseurs, deux bataillons de grenadiers, un détachement de marins et deux escadrons de cavalerie ; enfin par les hérauts d'armes dont le pompeux costume était d'un superbe effet.

Le deuil était conduit par le prince de Waldeck-Pyrmont, père de la reine régente, accompagné par les grands-ducs de Saxe-Weimar et de Luxembourg. Venaient à leur suite le grand-duc Alexis de Russie, l'archiduc Frédéric d'Autriche, les princes Albert de Prusse, de Saxe-Weimar et de Savoie, le comte de Flandre, le prince de Wurtemberg, le prince de Danemark, les princes de Wied, Schaumbourg-Lippe, Benthein, enfin, les ambassadeurs et de nombreuse de France et des autres pays.

La mission chargée de représenter la France aux obsèques du roi de Hollande se composait de son chef, M. Louis Legrand, ministre de France à La Haye ; de MM. le contre-amiral Dorlodot des Essarts; le général Derrécagaix ; de La Motte, premier secrétaire d'ambassade à La Haye ; le comte de Ségur d'Aguesseau, deuxième secrétaire d'ambassade; le lieutenant de vaisseau Moreau, le capitaine de Villestrem. Le lieutenant-colonel Chamoin s'était joint à la mission, pour représenter la personne du Président de la République.

Les princes suivaient le cortège dans des voitures à quatre chevaux aux côtés desquelles se tenaient des laquais.

Derrière suivaient à cheval les aides de camp.

Les ambassadeurs étaient également en voiture. Au passage de la mission française, un mouvement très marqué de sympathie s'est produit dans la foule innombrable qui s'entassait sur le parcours du convoi.

Le défilé a duré une heure et se déroulait sur une longueur de plus d'un kilomètre et demi. Après le passage du cortège dans les rues de La Haye, la foule s'est précipitée vers la gare, pour gagner Delft par le chemin de fer. Le cortège s'y est rendu par la route et est arrivé à trois heures.

Aux portes de Delft, le bourgmestre, les échevins

et la garde civique ont pris la tête, et à l'arrivée à l'église, les fonctionnaires de la Cour, étant entrés les premiers, ont formé la haie sur le passage des personnages princiers se rendant aux places qui leur étaient assignées. A cet instant, le canon n'a cessé de tonner de minute en minute.

La cérémonie funèbre a été fort imposante.

L'hymne national a retenti, à l'entrée dans l'église du cercueil royal. A la tête et au pied du catafalque se tenaient les hérauts des Pays-Bas et du Luxembourg.

A droite, dans le chœur, les princes étrangers.

A gauche enfin, se tenait le pasteur van Koetevel, dont l'oraison funèbre traitait des grandeurs de la famille d'Orange.

Après le discours, le héraut des Pays-Bas a proclamé d'une voix retentissante que Guillaume III était enseveli, puis vingt-quatre chambellans ont porté le cercueil dans la crypte où il a été scellé du grand sceau de l'Etat par le ministre de la

justice. On a récemment recrépi à la chaux le plafond du caveau dont les murs sont revêtus de carreaux en faïence blanche.

La bière du roi Guillaume occupera une place située à l'entrée immédiatement à gauche, audessus de celle où repose le prince Alexandre, qui fut le dernier prince d'Orange. La crypte mortuaire contient en outre les cercueils de la première épouse du prince Henri, duchesse de Saxe-Weimar, et du prince Henri; ceux du prince d'Orange (le prince Guillaume, et de la reine Sophie; ceux enfin du roi Guillaume II, de son épouse, la reine Anne-Paulowna, et des princes Alexandre et Maurice.

Le lycée Buffon.

Le lycée Buffon, qui commence sa seconde année d'existence, est situé à l'angle de la rue et du boulevard de Vaugirard. La construction, d'un style pittoresque et grandiose, frappe par l'originalité de

PARIS. — LES NOUVEAUX ÉTABLISSEMENTS SCOLAIRES. — LE LYCÉE BUFFON, RUE DE VAUGIRARD.

ses dispositions et contraste heureusement avec les lourds entassements de pierre dont on nous encombre si volontiers depuis quelques années sous prétexte de monuments.

L'architecte du lycée Buffon est M. Vaudremer à qui l'on doit déjà le lycée de Grenoble et le lycée Molière; il a réalisé dans la conception de ce vaste bâtiment tous les perfectionnements désirables, et en outre, ce qui n'est pas à dédaigner, il a su donner à cette masse de constructions une silhouette des plus pittoresques, dont les grandes lignes rappellent les grands et riches couvents d'autrefois. Larges escaliers à charpentes apparentes, galeries couvertes, cloîtres soutenus de piliers romans, hauts pavillons à toits élancés flanqués de tours, tout cela fait songer à quelque abbaye bénédictine que les siècles auraient respectée et dont les pierres n'auraient pas noirci.

Les dispositions intérieures sont une merveille de confortable. Cours des jeux, vastes promenoirs couverts, jeux de tennis et *foot-ball*; salles d'exercices et de gymnastique, amphithéâtre de dessin, laboratoires et musées de physique et de chimie avec salles d'expériences et de manipulation, et (ce qui frappe le plus peut-être) partout des lavabos, des vestiaires, des fontaines d'eau filtrée et encore des lavabos et des cabinets de toilette tout blancs de porcelaine émaillée. Tous les bancs, toutes les tables de travail sont à coulisses et peuvent se hausser ou s'abaisser.

On peut croire au premier abord que rien n'est plus simple que de faire des bancs et des tables pour les écoliers, c'est pourtant un problème dont la solution intéresse l'hygiène, la discipline et la bonne tenue des classes. Ce problème me semble résolu au lycée Buffon, ainsi que bien d'autres.

L'œuvre de M. Vaudremer restera comme un modèle qui sera sans doute beaucoup imité mais qu'on ne surpassera pas de longtemps.

CONSEILS UTILES

Liniment contre les engelures.

Avec les froids qui sévissent, les engelures ont beau jeu. — et point facile ne serait le dénombrement des personnes de tout âge et de toutes conditions qui en sont atteintes.

Nous avons dit des moyens variés, soit pour les prévenir, soit pour les guérir. — Des lecteurs nous demandent ce qu'il faut faire lorsque ces affections se déclarent, ne se manifestant encore que par de la rougeur et les démangeaisons incommodes qui en sont la conséquence.

En cet état, l'essentiel est d'enrayer le mal, — et

particulièrement, d'empêcher toute ulcération de se produire.

Dans ce but, on fait dissoudre 5o grammes de bon savon blanc de Marseille — râpe — dans un quart de litre d'alcool camphré; — on bat bien le tout, et de la sorte de pâte molle qu'on obtient on fait des applications, avec des compresses, sur les engelures.

Celles-ci ne tardent pas à se dissiper.

Les marrons glacés populaires.

Les marrons glacés sont une des friandises les plus recherchées, et toujours à la mode, comme étrennes du jour de l'An.

Mais ils sont chers.

Ceux dont suit la formule n'ont pas cet inconvénient; les ménagères les moins fortunées s'en peuvent donner la jouissance.

On choisit des marrons, — les plus beaux qu'on trouve.

Après leur avoir enlevé la première peau, on les jette dans de l'eau bouillante, et on en extrait la seconde peau; on les met ensuite avec à peu près leur volume de sucre en morceaux; on les couvre d'eau, on ajoute un peu de vanille, — et l'on fait bouillir le tout jusqu'à réduction de l'eau en sirop épais, en évitant la caramélisation.

Les marrons cuits, on les retire un à un et on les dépose isolément — pour les empêcher de se coller les uns aux autres — sur des feuilles de papier blanc saupoudrées de sucre tamisé.

Goûtez-y, lorsqu'ils seront refroidis. Vous n'aurez peut-être pas des marrons glacés véritables; — à peu de frais, vous en aurez du moins l'illusion.

Administration : A. BAER, 22, Rue Montpensier.
21 Décembre 1890. *Le gérant :* L. LATASTE, ⚜.

PARIS. — IMP. P. MOUILLOT, 13-15, QUAI VOLTAIRE.

SOLUTION DU DERNIER RÉBUS
A la Chambre actuelle des Députés, on suffoque... prochainement l'on doit se mettre à l'œuvre pour en bâtir une beaucoup plus grande.

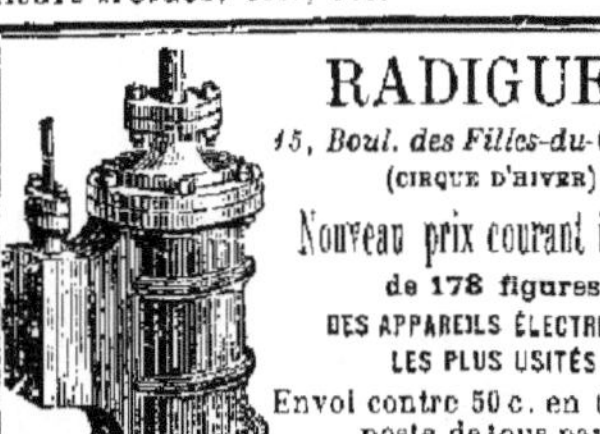

Flacon, 4 fr.; 1/2 flacon, 2.25. — Envoi franco contre mandat ou timbres, Rue Bonaparte 40, Paris.

Ces préparations ont une efficacité souveraine dans les cas d'**Anémie**, de **Chlorose** (Pâles couleurs), de *Menstruation nulle ou difficile*, dans les **Affections scrofuleuses** (Tumeurs, Engorgements, Humeurs froides, etc., etc.

RADIGUET
15, Boul. des Filles-du-Calvaire
(CIRQUE D'HIVER)
Nouveau prix courant illustré
de 178 figures
DES APPAREILS ÉLECTRIQUES
LES PLUS USITÉS
Envoi contre 50 c. en timbres-poste de tous pays.
INDIQUER LE NOM DU JOURNAL.

Répertoire de la musique de la **GARDE RÉPUBLICAINE**
ÉLISA, Polka brillante.
JEANNE. — **L'HORIZON BLEU**, Grandes Valses.
de Louis LATASTE
J. B. FRANTZ, Éditeur, 64, rue Lafayette, Paris.

PRÉCAUTION

C'est par ces temps de froidure que les boutons et les rougeurs font rage sur votre jolie peau, madame. Si vous voulez qu'elle soit toujours fraîche et que la ride traîtresse s'en éloigne à jamais, n'employez pour votre visage, pour vos mains et vos épaules que **L'ANTI-RIDES JAPONAIS** cette pâte sans rivale et pour votre toilette que **l'Eau de fleurs de lotus** au par un doux et pénétrant. Franco mandat 6 fr. chaque.

Maison des **BAMBOUS**
33, rue du 4-Septembre
PARIS
Et dans toutes parfumeries

DÉBOSE

GOUTTE & GRAVELLE
Guérison rapide assurée par le
SALICYLATE DE LITHINE (Fl. Pilules 5 Fr.)
Cachet SCHLUMBERGER & CERCKEL, 26, r. Bergère.
Prép. CHEVRIER, pharm. 21. Faubourg Montmartre, PARIS.

60 ANS DE SUCCÈS
PILULES MORRISON-MOULIN, n° 1 et n° 2
Purgatif végétal, dépuratif du sang, guérison des douleurs, maladie de foie, de l'estomac, hydropisie, affections nerveuses; chassent les humeurs et les glaires, 2 fr. — Exiger la signature et le nom **Pilules-Moulin** sur chaque boîte. — Guérissent aussi les *maladies de la peau, eczéma, prurit, hémorroïdes* avec **Pommade Dermatique-Moulin.** 2 fr. franco.
30, rue Louis-le-Grand, PARIS et les bonnes Pharmacies.

BROQUET
121, Rue Oberkampf, PARIS
Médaille d'Or
Exposit. Univelle, Paris 1889
POMPES à tous usages

PRIMES - ÉTRENNES A NOS ABONNÉS
OFFERTES PAR LE NOUVEAU DÉPÔT
PARIS — 51, Boulevard Voltaire, 51 — PARIS

SERVICE RENAISSANCE, terre de fer
fond ivoire, impression bleu vert.
12 Couverts, 74 Pièces . . . . 39 fr.
(Soupière, Légumier, Saladier carrés)
DERNIÈRE CRÉATION
Dessert assorti, 42 pièces . . . . . 20 fr.
Service cristal gravé, 52 pièces . 29 fr.
CATALOGUE ILLUSTRÉ GRATIS ET FRANCO SUR DEMANDE

EAU ANTINEVRALGIQUE Alph. BAER
D'un parfum agréable et complètement inoffensive

NÉVRALGIES FACIALES
MIGRAINES
MAUX DE DENTS

EXTRAIT DES ATTESTATIONS

Monsieur Baer,
Votre Eau a fait merveille et rendu des services réels. Je vous demande pardon du retard que j'ai mis à vous répondre, mais il est motivé par le désir de vous donner mon avis sur les résultats obtenus, qui sont réellement très satisfaisants.
Agréez, Monsieur, etc. Signé: Ch. MENIER,
Pharmacien de 1re classe à Nantes.
M. MENIER est aujourd'hui Professeur à l'École de Médecine. *Nantes, 23 avril 1873.*

PRIX : Flacons contenance triple, 10 francs; flacons, 4 francs; 1/2 flacons, 2 fr. 50. Envoi franco contre mandat ou timbres adressés à M. Alph. BAER, l'inventeur, 22, rue Montpensier, PARIS.

EXPOSITION INTERNATIONALE des Sciences et des Arts Industriels, PARIS 1890
Cafés torréfiés, procédé le TURCQ des ROSIERS, DIPLOME D'HONNEUR

LA CAFÉINE

est l'élément le plus utile du Café, l'agent par excellence pour conserver la **vigueur**, la virilité et l'intelligence. Elle empêche l'essoufflement et les palpitations. (Académie de Médecine.)

Le procédé de torréfaction de **M. LE TURCQ DES ROSIERS** conserve au café les 20 à 30 0/0 de caféine perdue par les autres procédés et lui donne la plus-value de qualité correspondante. Il a mérité un avis favorable du Comité consultatif d'hygiène publique de France, notifié à l'inventeur par M. le Ministre de l'Intérieur. — Sa devise est :

SANTÉ — VIRILITÉ — ÉCONOMIE

Demander ces Cafés à MM. **ANCELIN FRÈRES**, 4, rue de l'Échiquier, Paris

	Le 1/2 kilo. Papier.	
CAFÉS	bon ordinaire. 2f 80 bleu.	PARIS — Livraison franco au domicile de l'acheteur.
	fin . . . . . . 3f » gris.	PROVINCE — Livraison aux prix du Tarif en ajoutant pour affranchissement :
BRULÉS	supérieur . . . 3f 20 blanc.	0f 30 par 250 grammes par poste.
	extra . . . . . 3f 40 blanc glacé	0f 60 pr livraison en gare . . . Par colis postaux 0f 85 pr livraison à domicile. jusqu'à 2 k. 500.

PAR 4 KILOS 500 GR. EXPÉDITION FRANCO

LITS ET FAUTEUILS MÉCANIQUES
POUR MALADES ET BLESSÉS
DUPONT, Rue Hautefeuille, 10 (*près l'École de Médecine*)
Les plus hautes Récompenses à toutes les Expositions

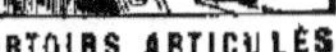
PORTOIRS ARTICULÉS
de tous Systèmes

Table-Pupitre pied à crémaillère

Cannes et Béquilles avec sabots caoutchoutés

FAUTEUIL ROULANT pour Jardins.

ENVOI SUR DEMANDE FRANCO DU CATALOGUE ILLUSTRÉ AVEC PRIX

Gratuit
pour les abonnés directs du journal.

40 Centimes le Numéro

Paraît
toutes les semaines.

Le Petit Colon

ALGÉRIEN
SUPPLÉMENT ILLUSTRÉ

ABONNEMENTS AU PETIT COLON ALGÉRIEN
Algérie : 3 mois : 4 fr. 50; 6 mois : 9 fr.; 1 an : 18 fr.
France : 3 mois : 6 fr. »; 6 mois : 12 fr.; 1 an : 24 fr.
FRAIS DE RECOUVREMENT EN PLUS
Les abonnements sont payables d'avance et partent
du 1er et du 15 de chaque mois.

ON S'ABONNE
Aux Bureaux du PETIT COLON
à Alger, Rampe Magenta, 16.
Le PETIT COLON paraît tous les jours.

NOS GRAVURES

La prestation de serment du grand-duc de Luxembourg.

Dès l'année dernière (avril 1889), lors de l'aggravation de la maladie de Guillaume III, roi de Hollande, le duc de Nassau avait été investi de la régence du grand-duché de Luxembourg.

On sait que, la loi salique y étant en vigueur, la jeune reine de Hollande ne pouvait prétendre à cette portion de l'héritage paternel. Le duc de Nassau avait donc pris possession du pouvoir en sa qualité d'héritier direct, et à cette occasion, nous avons publié son portrait et celui de son fils, le prince héritier (voir le n° 1673). Une cérémonie analogue vient de se renouveler quelques jours après l'inhumation du roi de Hollande, et à la date du 10 décembre, le grand-duc Adolphe de Nassau, qui

LA GRANDE-DUCHESSE DE LUXEMBOURG-NASSAU.

était arrivé la veille, au milieu des acclamations, a prêté serment devant la Chambre luxembourgeoise, dans la forme suivante :

« Je jure d'observer la Constitution et les lois du grand-duché du Luxembourg, de maintenir l'indépendance nationale et l'intégrité du territoire, ainsi que la liberté publique et individuelle et les droits de tous et de chacun de mes sujets, et d'employer à la conservation et à l'accroissement de la prospérité générale et particulière, ainsi que le doit un bon souverain, tous les moyens que les lois mettent à ma disposition.

« Ainsi, que Dieu me soit en aide ! »

La grande-duchesse et le prince héritier assistaient à la séance.

D'après l'*Indépendance luxembourgeoise*, S. A. R. la grande-duchesse a été enchantée de l'accueil qui lui a été fait, et elle a été émerveillée de l'aspect pittoresque de la ville. La grande-duchesse Adélaïde-Marie est fille du prince d'Anhalt-Dessau. Elle a épousé en 1851 le grand-duc Adolphe de Nassau. Son Altesse

LA VILLE DE LUXEMBOURG. — ENTRÉE DU CÔTÉ DE LA GARE DE TRÈVES.

parle à merveille la lan-
gue française. Elle s'est
entretenue longuement
avec les Luxembourgeois
qui l'entouraient, en faisant preuve d'un esprit
délicat et charmant et en
prodiguant à chacun des
paroles bienveillantes.

Eyraud
et Gabrielle Bompard

LE VERDICT

Je n'ai pas cru devoir
reproduire les traits de
ces deux criminels, leurs
visages sont trop connus.
Je veux dire quelques
mots seulement sur le
jugement et surtout sur
les dépositions des méde-
cins-experts. Le juge-
ment ne vous semble-
t-il pas disproportionné
entre ces deux criminels,

LA COUR AU BALCON DU PALAIS GRAND-DUCAL APRÈS LE SERMENT.

dont l'un expiera son crime sur l'échafaud et l'autre,
après vingt ans de détention (si toutefois elle n'est
pas graciée avant l'expiration de sa peine), pourra
revenir au milieu de la société, jeune encore, provo-
quant partout une malsaine curiosité et peut-être
des scandales que la justice sera impuissante à
réprimer? Eh bien! mon sentiment, c'est que le châtiment, en cette circonstance, n'est pas à la hauteur
du crime commis. Il ne faut pas oublier que dans le
châtiment qu'on inflige à un criminel il y a aussi
l'avertissement pour tous ceux qui seraient tentés
de l'imiter. Il doit constituer le préservatif efficace contre le danger qui menace la société sous
les formes les plus multiples. Or, dans la perpétration de ce crime, la préméditation est si claire,
elle a été si surabondamment démontrée, que je me
demande vraiment comment Gabrielle Bompard a
pu bénéficier des circonstances atténuantes.

Certes, entre les deux assassins il y a une distinction à faire. Le principal rôle en tout ceci a
été joué par Eyraud : celui-là incontestablement
mérite bien la mort. Mais sa complice, quoique
ayant un rôle plus effacé dans l'accomplissement
du crime, est certainement une créature plus abo-
minable, plus odieuse qu'Eyraud lui-même; elle
a été la pourvoyeuse, elle a livré à l'assassin la
victime qui venait à elle sans méfiance aucune; et,
tranquille, elle a laissé faire ce qu'elle pouvait si
facilement empêcher, et peut-être, étant donné son
cynisme, a-t-elle étouffé, par le bruit de ses éclats de
rire, les cris gutturaux à peine distincts de ce malheureux qui se débattait dans les affres de la mort. Et
quand je pense qu'il s'est trouvé des médecins pour
la dire inconsciente. Inconsciente ! allons donc !
Son intelligence, au contraire, ne peut laisser de
doute à personne, et la promptitude de ses ré-
ponses aux assises, la vivacité de ses reparties, indiquent suffisamment qu'elle savait bien ce qu'elle
disait, comme elle a bien su ce qu'elle faisait. Sa
nature perverse ne saurait être une excuse. Les
monstres, on les supprime ; si ce n'est par la mort,
que ce soit du moins par la détention perpétuelle.

Gabrielle Bompard aurait dû être condamnée à
perpétuité.

Mais il est un point qu'il me semble intéressant
de discuter ici ; c'est précisément le rôle des méde-

cins experts. Il y a eu des dépositions absolument
contradictoires, qui n'étaient guère faites pour
apporter la lumière dans l'esprit du jury. Certains
médecins ont affirmé qu'il y avait eu suggestion,
d'autres ont soutenu, au contraire, que Gabrielle
Bompard n'avait subi aucune influence semblable,
et n'avait obéi qu'à ses instincts pervers.

Il n'en a pas moins été démontré que la sinistre
héroïne de ce lugubre drame avait été le sujet non
réfractaire d'expériences d'hypnotisme, pratiquées
par les médecins experts.

Que s'est-il passé dans le cours de ces expériences? On ne sait, les médecins se retranchant
derrière le secret professionnel. Le Dr Brouardel
se borne à affirmer que la suggestion a des limites,
et que dans le crime de la rue Tronçon-Ducoudray,
Gabrielle Bompard avait tout son libre arbitre.

Cela est très possible, et je le crois pour ma
part, par cette raison que lorsqu'il y a suggestion,
on ne peut se souvenir, étant réveillé, de ce que
l'on a fait à l'état hypnotique. Or, le récit fait à
l'instruction et aux assises par la complice d'Eyraud, sur les préparatifs et l'accomplissement du
crime, tout est si minutieusement rapporté jusque
dans ses plus infimes détails, qu'on ne peut
sérieusement admettre qu'elle n'a agi que sous
l'influence d'un état hypnotique.

Toutefois les jurés ont dû être perplexes en présence de ces affirmations contradictoires, et il n'y a
pas lieu d'être surpris que Gabrielle Bompard ait
bénéficié de cet état d'incertitude.

Mais on aurait tort de croire que tout est dit, et
que nous n'aurons plus à revenir sur un sujet aussi
grave que celui de la suggestion.

L'opinion publique est sérieusement préoccupée
de la question de responsabilité dans les crimes
et délits.

Il ne faut pas laisser s'accréditer le bruit que,
grâce à la suggestion, un coupable pourra échapper
à l'action de la justice et qu'un homme innocent
pourra être condamné à sa place.

Il faut que des expériences décisives soient faites
et que l'on soit fixé.

Il importe surtout que l'on sache bien ceci, c'est
que la suggestion est une arme à deux tranchants,
et que si elle a pu servir à la perpétration d'un

crime ou d'un délit, elle
pourra servir plus facilement encore, alors qu'il
s'agira de découvrir l'auteur de la suggestion,
c'est-à-dire le vrai, le seul
coupable.

A. BAER.

Le grand temple
des francs-maçons
à Chicago.

POSE DE LA PREMIÈRE PIERRE

On vient de nous en-
voyer le dessin du temple
maçonnique que l'on va
construire dans l'un des
plus beaux quartiers de
Chicago. Le terrain seul
a coûté près d'un million
de dollars à une société
dont la formation est due
au zèle infatigable de
M. W. Barnard, secré-
taire du Grand Orient de
Chicago. On sait qu'en
Amérique, les maisons
s'élèvent comme par enchantement, les plus grands
monuments sont construits avec une merveilleuse
rapidité. On croit donc que la construction du
temple sera achevée le 1er mai 1892. Son inauguration devancerait donc d'une année l'ouverture
de l'Exposition colombienne. Le Grand Orient
ne négligera rien pour être prêt à cette époque,
car il tient à recevoir avec les plus grands honneurs les députations de tous les Orients du
monde qui le 1er mai 1893 se donneront rendez-
vous à Chicago.

L'immense édifice ne sera pas entièrement con-
sacré aux travaux de la franc-maçonnerie.

Les quatre derniers étages seront seuls affectés
aux loges, lesquelles seront spacieuses, immenses,
de façon à pouvoir contenir chacune un millier
de frères ; ces quatre étages en surmonteront qua-
torze autres dont dix seront occupés par de vastes
magasins remplis d'objets utiles à la vie matérielle.
Quant aux six premiers, on y installera des bureaux
d'affaires où se traiteront une foule de combinaisons commerciales ou industrielles.

Le monument tout entier n'aura donc pas moins
de vingt étages. En consacrant les quatre derniers
au temple proprement dit, on a voulu sans doute
rappeler les quatre siècles écoulés depuis le jour
où l'Amérique a vu pour la première fois la lumière que les caravelles de Colomb lui apportaient
à travers les mers.

Depuis lors quel chemin parcouru! Quelle incroyable vitalité; quelle exubérance de force et
d'intelligence !

Nous appelons leur pays le nouveau monde, et
nous, à leurs yeux, nous sommes les traînards de
la civilisation. Sur plus d'un point la jeune Amérique pourrait en remontrer à la vieille Europe;
chez eux on respire l'air de la vraie liberté; chez
nous, on demeure enserré dans le cadre étroit de la
routine et pour sortir de l'ornière il faut une formidable poussée, après quoi l'on se décide à marcher.
Pour toute idée nouvelle enfin mise en pratique, on
reste étonné de n'avoir pas commencé plus tôt.

Ainsi voyez pour le Métropolitain; chez nous
cela s'éternise, alors que, de l'autre côté du continent, tout fonctionne à merveille depuis de nombreuses années. A Londres et à Berlin on a vite suivi

l'exemple et, comme toujours, nous arriverons bons derniers si toutefois nous arrivons jamais.

Je demande pardon au lecteur de cette digression et je m'empresse de revenir à mon sujet, c'est-à-dire à la description du grand temple projeté.

Il est superflu de dire que, dans ce vaste monument, les ascenseurs ne feront pas défaut et toutes les mesures seront prises pour que ces ascenseurs puissent transporter jusqu'au faîte du monument et dans un temps relativement court de 35 à 40.000 personnes. Ces nombreux visiteurs, tout en se promenant dans les jardins qui seront établis sur la terrasse, pourront jouir de la vue superbe de Chicago et de ses environs. On compte même installer sur la terrasse un observatoire où les astronomes pourront étudier l'harmonie établie dans les évolutions des sphères célestes par le grand Architecte de l'univers.

La pose de la première pierre de cet immense édifice, dont la hauteur dépassera quatre-vingts mètres, a eu lieu le 6 novembre dernier sous la présidence de M. John W. Pearson, grand maître de la maçonnerie de l'Illinois, laquelle, bien que n'ayant qu'un demi-siècle à peine d'existence, est incroyablement florissante, puisque son Orient a sous son obédience sept cents ateliers différents auxquels appartiennent 43.774 frères.

Les francs-maçons qui ont pris part à la cérémonie étaient au nombre de 5.000, représentant les différentes loges du rite Écossais Ancien Accepté, qui sont établis au Canada et aux États-Unis, et qui comptent 625.755 frères.

Je crois qu'il n'y a dans ces deux pays aucune loge d'un autre rite, mais, bien entendu, les maçons de tous les rites sont reçus dans ces ateliers, en qualité de frères visiteurs.

Revêtus de leurs insignes, et portant leurs cordons réglementaires, les maçons qui devaient prendre part à la cérémonie ont formé un cortège sous la direction du général John Carson Smith.

Puis ils se sont rendus processionnellement, et marchant par ordre hiérarchique, dans le Champ de travail, où cette fois les fils d'Hiram devaient accomplir une œuvre matérielle, et non pas seulement se livrer à une construction symbolique. Un beau soleil

LE PROJET DU NOUVEAU TEMPLE DES FRANCS-MAÇONS EN COURS D'EXÉCUTION A CHICAGO.

LA POSE DE LA PREMIÈRE PIERRE DU NOUVEAU TEMPLE DES FRANCS-MAÇONS DE CHICAGO.

d'automne les a favorisés et pour la dernière fois avant l'hiver, la nature avait revêtu ses habits de fête.

Le grand maître des cérémonies se tenait près de la pierre, qui avait déjà été soulevée et suspendue à une grue près de laquelle se trouvaient six maçons de proportions athlétiques. Lorsque tous les assistants ont pris place, le maître des cérémonies a donné l'ordre de descendre la pierre à l'endroit déjà préparé pour la recevoir. Aussitôt que la pierre est ébranlée, les frères ont accueilli son mouvement par une batterie d'allégresse. Le mouvement a été interrompu au moment où la pierre a parcouru le tiers de la distance. Alors elle a été saluée par une deuxième batterie. Deux autres batteries ont été ordonnées lorsque la pierre a été mise en place.

Alors un dignitaire de l'Orient s'est assuré avec l'équerre que la pierre était en position, et il a invité le grand maître a donner les coups de maillet sacramentels.

Alors on a versé successivement sur la pierre, en signe de fécondité, le contenu d'une coupe contenant du grain, puis on a fait une première libation avec du vin comme marque de réjouissances, et de l'huile pour indiquer les désirs de paix universelle qui sont un des buts de l'institution maçonnique.

Il va sans dire que de nombreux discours ont été prononcés aux banquets qui ont accompagné cette fête qui marquera certainement dans les annales de la maçonnerie américaine, comme l'inauguration en 1754 à Philadelphie, de la première loge construite dans le nouveau continent, et le 30 octobre 1825, la réception publique de Lafayette par les maçons de Richemond.

CONSEILS UTILES

Enlèvement des taches sur les dorures.

De quelque espèce que soient les dorures : — sur metaux, sur bois, même sur papier.

Faire bouillir de l'eau, avec environ 5 à 6 o/o de son poids d'alun.

Si l'objet doré le comporte, le plonger dans le liquide bouillant, puis le laisser sécher.

S'il s'agit, au contraire, d'objets de grande dimension ou difficiles à déplacer, ou fragiles, retirer du feu la dissolution et — plus ou moins chaude, suivant l'état des surfaces à nettoyer, — en passer une ou plusieurs couches, très légèrement, soit avec un pinceau fin, soit avec un tampon de coton attaché au bout d'une tige formant manche. Laisser de même sécher spontanément.

Les taches disparaissent. — La dorure, momentanément ternie, reprend tout son éclat.

Nettoyage des papiers peints de tenture, — blancs ou de couleurs, unis et veloutés.

Opération exigeant de la dextérité de main et des soins particuliers.

Les taches sèches s'enlèvent assez aisément, par des frottements ménagés, avec de la mie de pain à moitié rassis, — mais pas assez dur, toutefois, poua laisser des raies ou même des traces plus sérieuses de son passage.

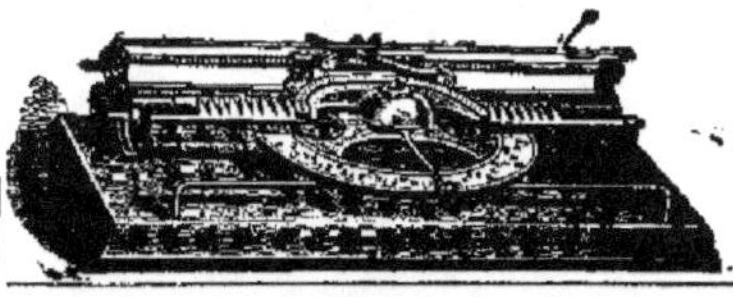

S'il s'agit de taches grasses, — dont l'aspect seul dénote la nature, — il faut imbiber un chiffon de flanelle, soit de benzine bien pure, soit d'essence de térébenthine récente très claire et en tamponner légèrement les points à nettoyer; avec une autre chiffon, imbibé d'alcool concentré (90° au moins), on frotte doucement les mêmes surfaces jusqu'à disparition des souillures.

Inutile, sans doute, d'ajouter qu'à chaque tache traitée il convient de changer la partie du chiffon mise en contact avec le papier, — et que les frottements doivent être exécutés assez rapidement pour éviter tout dommage aux couleurs mêmes des tentures.

SOLUTION DU DERNIER RÉBUS

Un moment délaissés, bicycle et tricycle sont plus que jamais en grande faveur.

Administration : A. BAER, 22, Rue Montpensier.
28 Décembre 1890. *Le gérant :* L. LATASTE, ☙.

PARIS. — IMP. P. MOUILLOT, 13-15 QUAI VOLTAIRE.